LA BIBLIA
REVELA LA PLAGA

BELÉN BERNALDO DE QUIRÓS

LA BIBLIA REVELA LA PLAGA

LO QUE VIENE Y CÓMO SALVARSE

BELÉN BERNALDO DE QUIRÓS

Primera edición: julio 2020
ISBN: 978-2-9602540-1-3
Copyright © 2020 Belén Bernaldo de Quirós
Email: labibliarevelalaplaga@gmail.com

A mi familia, siempre.

ÍNDICE

AGRADECIMIENTOS

A los profetas que canalizaron las Sagradas Escrituras.
A los que las han preservado celosamente a lo largo de
la historia.
A los justos, benditos sean.

PREFACIO

Pocos vieron venir con anticipación la prueba colectiva que ha azotado a la humanidad en forma de plaga de miedo y peste. Menos aún fueron capaces de prever la cascada de acontecimientos que siguieron y su impacto en la sociedad mundial.

Meses antes, los profesionales de primera línea como los científicos y filántropos prepararon el terreno y advirtieron que semejante evento podía acontecer a escala global. Además, algunos psíquicos y sabios vaticinaron la prueba y entrevieron su magnitud.

Por su parte, los responsables políticos y sociales encargados de solventar las crisis colectivas quedaron noqueados por la emergencia sanitaria que se les vino encima sin tener los medios para hacerle frente.

Otros poderes establecidos, como los religiosos, resultaron igualmente desorientados cuando el flagelo se abatió sobre la humanidad. De ellos hubiéramos deseado recibir la señal de alarma, pero no pudieron darla al no imaginar que el mal podría campar a sus anchas sobre la faz de la tierra. Puede que quedaran inmovilizados de asombro en el sentido que expresa Job 30, 26: *"Cuando esperaba yo el bien, entonces vino el mal; y cuando esperaba la luz, vino la oscuridad."*

Para los ciudadanos, la primera noticia fue la de la existencia de un peligro letal seguida del choque que supuso el confinamiento y la brusca interrupción de las actividades no esenciales. Semejantes cambios les condujeron a reflexionar sobre sus prioridades, a decidir qué tiene sentido para preservarlo y a cuestionarse su modo de vida y valores.

El único beneficiado fue el planeta que quedó aliviado por la disminución de la contaminación, experimentó un respiro y se regeneró paulatinamente gracias a las sucesivas oleadas de confinamientos en todo el mundo.

En efecto, la sostenibilidad medioambiental es de la máxima importancia y está vinculada al objeto de estudio de este libro que atañe a la humanidad y cómo guiarla ante la peste. Por ello, trataremos este aspecto más adelante.

Pero antes, hemos de interesarnos por aquellos que vieron venir la peste, comprendieron su razón de ser y adonde nos conduce colectivamente. Son personas profundamente espirituales que se sumaron al dolor de los demás al ver las imágenes televisadas de féretros interminables, cuerpos depositados en plena calle y fosas comunes excavadas en varios países, pero no se extrañaron del desastre porque percibieron su significado profundo. Son los que han sobrepasado el miedo a pesar del infortunio y los que ven más allá de las apariencias. Son los que mantienen abierto el vínculo con el Eterno y, libres de influencias mundanas, atienden a la inspiración divina que captan, respetando la voluntad del Altísimo, sea cual sea.

Entre ellos, ciertos astrólogos transcendentes hindúes predijeron la peste y también algunos sensitivos que captan la mucha iniquidad que asfixia la tierra.

Sin embargo, los que con más acierto pudieron presagiar la plaga fueron los exégetas de la Biblia porque la peste ha sido revelada por las Sagradas Escrituras, además de lo que ha de venir después. La palabra de Dios desvela todas las claves y todo lo explica, desde el fenómeno hasta sus consecuencias.

Lo extenso, abstruso y prolijo de la Biblia puede impresionar e incluso desanimar a los que no están familiarizados con ella. Aunque, si no se domina el texto bíblico, sigue siendo posible acceder a sus revelaciones dejándose guiar por aquellos que lo han aprendido durante años.

Ese es el caso de la autora para quien el estudio de la Biblia ha sido una ocupación diaria durante cinco décadas. Con el bagaje acumulado a lo largo de estos años, me permito invitarle a recorrer la senda jalonada por los versículos pertinentes del tema que nos ocupa. Ello le permitirá descodificar el significado espiritual de lo que nos aflige y le dará pautas para sobreponerse.

Sin embargo, conviene advertir desde ahora que estas páginas quizá no sean una lectura reconfortante y que, lo que descubra, podría ponerle en cuestión. Será, eso sí, un ejercicio de lucidez al acceder en puridad y sin concesiones a las revelaciones de la Biblia.

Afrontar la verdad bíblica, por ardua que sea, es siempre una bendición. Si abre este libro, es para dejar al desnudo la raíz espiritual de la peste. La alternativa sería ignorar las fuentes, cerrar los ojos y recibir los golpes del destino sin reaccionar, lo que siempre hay que evitar.

El recorrido por el texto bíblico que vamos a iniciar se presentará simbólicamente cómo una escalera de enseñanzas que conduce a la revelación y se inspira en la escalera de Jacob del Génesis 28 que alcanza el cielo:

Y tuvo un sueño, y soñó con una escalera apoyada en la tierra cuyo extremo superior alcanzaba hasta el cielo; y he aquí, los Ángeles de Dios subían y bajaban por ella.
GÉNESIS 28, 12

Por ella iremos subiendo peldaño a peldaño hasta completar las lecciones que la Biblia nos brinda y descubriremos las motivaciones espirituales de este evento inédito para nuestra generación que es la peste, tanto como sus repercusiones futuras para el individuo y para el mundo.

PRIMER PELDAÑO:
LA RETRIBUCIÓN

La pandemia ha desafiado colectivamente a la raza humana con un azote sin precedentes.

La humanidad vive inmersa en la obtención del sustento y ocupa su escaso tiempo libre en actividades lúdicas que le permiten alienarse de una cotidianeidad siempre ardua. Sin embargo, al ser golpeada por el infortunio global y al dejar de lado sus hábitos y su normalidad, ha tenido que preguntarse por la razón de esta aflicción universal.

Son muchos los interrogantes respecto a la peste. La incertidumbre pesa sobre la evolución de la enfermedad y sobre las posibles curas que de momento no existen. Ninguno puede estar completamente seguro de escapar. Nadie parece saber a ciencia cierta por qué nos alcanzó el virus, cuando volverá y cuáles serán sus consecuencias económicas individuales, nacionales y mundiales.

Las teorías esgrimidas para explicar la pandemia y su posible devenir han sido innumerables, desde las científicas hasta las estadísticas, pasando por las económicas, políticas, filosóficas, literarias e incluso las esotéricas. Los medios de comunicación han dado una cobertura alarmista al asunto, rozando el catastrofismo, con lo que han alimentado y propagado el pánico y la desconfianza.

La confusión se ha instalado en la ciudadanía ante la ausencia de respuestas científicas convincentes y, poco a poco, al miedo se ha sumado la resignación.

Meses después de la aparición de la pandemia, las organizaciones internacionales de salud pública siguen amenazando con nuevas oleadas de contagios aún más mortíferos, pero la gente está saturada de malas noticias y ya casi nadie quiere complicarse la vida dedicando más tiempo a pensar en ello.

Cada sector implicado ha aportado su hipótesis, pero queda por abordar la causa profunda de esta peste universal. Es una laguna de talla, que esta obra se propone llenar, ya que el fenómeno no es solo de índole sanitaria, sino que tiene una raíz espiritual.

Después de todo lo que nos ha tocado vivir hasta este momento - es en julio de 2020 cuando se publica este libro -, podría decirse que el grueso de la humanidad se ha conformado con lo preconizado por el profeta Amós, a saber, guardar silencio esperando despertar de la pesadilla cuanto antes:

*Por eso el hombre sensato calla en esta hora, que es
hora de infortunio.*
AMÓS 5, 13

En contraste con los esfuerzos vanos y el caos que se han instalado en los sectores señeros de la sociedad, los exégetas de la Biblia han recordado que solo Dios tiene las respuestas y que a Él se ha de acudir para obtenerlas. Lo indica el Libro de los Proverbios 3:

*Confía en el Eterno de todo corazón y no te apoyes en
tu propia inteligencia;*
*reconócele en todos tus caminos y él enderezará tus
sendas.*
PROVERBIOS 3, 5-6

Así pues, el punto de partida indicado por la Biblia es apelar a Dios para desentrañar el misterio. Es la guía de los que dejan sitio a Dios en su vida porque saben por experiencia que la confianza en el Eterno abre todos los caminos y permite acceder a un nivel de comprensión imposible para la inteligencia humana.

La masa de creyentes ha dirigido su mirada al Altísimo para entender la razón de su aflicción y el motivo de tanto sufrimiento y de tantas muertes. Quien tiene fe sabe que Dios se expresa en el silencio y se manifiesta a través de signos, de intuiciones y, muy principalmente, por medio de los libros sagrados dictados a sus ungidos. Y así es en efecto. Las Escrituras son el camino abierto a todos para desentrañar el mensaje divino implícito en esta plaga de miedo y muerte que encajamos en medio de un desconcierto generalizado.

De modo que, los conocedores del texto bíblico no han necesitado clamar a Dios y esperar Sus respuestas porque están recogidas con claridad meridiana en las Sagradas Escrituras. La Biblia, el libro más vendido en el mundo, es el único texto revelado que ha anunciado la peste y ha dado las pautas para lo que vendrá después. Por ende, para hacer frente con éxito a los desafíos actuales, la vía segura es la palabra del Eterno que, además de anunciar lo que nos está sucediendo, da las claves sobre lo que Él espera de nosotros.

Los exégetas no ignoran que, sucesos de grandes dimensiones como una peste devenida plaga de miedo, pueden ser señales de que *"el fin de los tiempos"* está cerca y pueden ser un aviso para que los seres humanos corrijan su rumbo a tiempo para evitar males mayores. Ellos dan testimonio de las continuas advertencias que el Eterno ha dirigido a la humanidad para que rectifique.

Indudablemente, vincular sin ambages este período de angustia colectiva con la voluntad del Altísimo es una tesis arriesgada y sin duda impopular que, sin embargo, podrían demostrar los textos recogidos en estas páginas. Adentrémonos pues en ellos para captar el motivo espiritual de la desgracia global que nos afecta y que seguirá golpeándonos.

Con este propósito, el primer paso es entender por qué el azote colectivo es una peste y no otro flagelo.

La respuesta la encontramos en el Libro Primero de las Crónicas 21, que anuncia con toda claridad que, cuando el Eterno ha de castigar, ofrece tres opciones al que debe ser sancionado, siendo la última de ellas la de desencadenar la peste sobre la tierra:

Y viniendo Gad a David, le dijo: Así ha dicho el Eterno:
Escoge para ti: o tres años de hambre, o por tres meses ser derrotado delante de tus enemigos con la espada de tus adversarios, o por tres días LA ESPADA DEL ETERNO, ESTO ES, LA PESTE EN LA TIERRA, y que el Ángel del Eterno haga destrucción en todos los términos de Israel. Mira, pues, qué responderé al que me ha enviado.
I CRÓNICAS 21, 11-12

Queda establecido entonces que, en caso de infracción colectiva, la espada del Eterno se abatirá sobre la humanidad en forma de peste en la tierra. Ese y no otro es el correctivo impuesto.

En este punto, conviene aclarar que los tiempos bíblicos son figurados y que no corresponden a nuestra medida de los días, semanas o años.

Hecha esta salvedad y partiendo de lo afirmado en el Libro Primero de las Crónicas, es posible que, en el año de gracia de 2020, la humanidad se haya hecho acreedora de una sanción divina materializada en forma de peste, con la correspondiente plaga de miedo global que acompaña a la enfermedad.

Es preciso añadir, sin embargo, que los castigos colectivos nunca suceden sin que los seres humanos hayan incurrido previamente en graves agravios contra la divinidad y esto, de modo continuado.

Dios es infinitamente paciente y misericordioso, como indica el Salmo 103, 8: *"Clemente y compasivo es el Eterno, tardo a la cólera y lleno de amor"* pero, la carga espiritual de nuestras acciones tanto personales como grupales se va acumulando y genera consecuencias que un día u otro acabamos pagando. Es la ley de acción y reacción que los hindúes denominan karma. Desde esa óptica, no hay duda de que la humanidad ha atraído sobre sí su suerte.

Llegados a este punto, empieza a ser legítimo sospechar que la pandemia que asola a la humanidad con muertes, soledad y confinamiento sea una corrección global que demuestra el descontento del Eterno con los seres humanos y por qué Su protección nos ha sido retirada. Pero, esto solo puede acontecer después de que la vileza se haya instalado sobre la tierra.

No ignoramos que la divinidad no castiga directamente, sino que, para esos menesteres, permite que los agentes del mal, sempiternos enemigos de la humanidad se movilicen para diezmarla. Los libros sagrados afirman que ese fenómeno se produce antes de toda aniquilación general, sea por catástrofes naturales o como resultado de una gran guerra.

Espiritualmente, lo más significativo de esta pandemia es que se ha transformado en pánico colectivo a causa del caos que la acompaña. Es la unión de millones en un sentimiento de miedo y de dolor con la tremenda vibración negativa que eso produce. El resultado es un descenso de la frecuencia vibratoria de la humanidad.

El sufrimiento es grande porque a la enfermedad se suman la incertidumbre, el alejamiento de los familiares afectados, la limitación de los contactos sociales, incluso de los parientes próximos, y lo que es peor, la muerte en estricta soledad. Para añadir frustración a la pena, la mayor restricción que es el confinamiento se impone a los sanos. Todo ello dibuja un cuadro de desolación y de violencia infligida sobre el individuo que es, además, inédito en tiempos modernos.

Muchas son las críticas que ha recibido el confinamiento por ser considerado liberticida y hasta una forma de ensañamiento, aunque la historia lo registre como la única medida adoptada ante cualquier peste.

Y a pesar de lo sofisticado de nuestra sociedad, muchos deploran que la ciencia no haya avanzado lo suficiente a lo largo de los siglos como para proponer otras soluciones.

No es esta la primera gran peste que golpea a la humanidad ni el primer confinamiento generalizado. De hecho, a lo largo de la historia, la humanidad se ha confinado en sus casas para dejar pasar cada peste.

Eventos anteriores como la peste negra o la gripe española, incluso si dejaron millones de muertos, se saldaron por un renacimiento de la sociedad y no por una aniquilación cuasi general.

Ciertamente, incluso si la tradición hace del confinamiento el único baluarte ante la peste, la gente lo rechaza enérgicamente. Ello es debido a la ignorancia de los fundamentos espirituales de lo que acontece y podemos afirmarlo porque el confinamiento es la conducta que ordena la Biblia en circunstancias como las presentes. Era y es, por tanto, ineluctable.

Así, a la pregunta sobre las razones espirituales de imponer el confinamiento como método para parar la peste, resulta obligado responder simplemente que estaba escrito.

Lo comprobamos en el Libro de Isaías 24 y 26:

También LA TIERRA ES PROFANADA POR SUS HABITANTES, porque traspasaron las leyes, violaron los estatutos, quebrantaron el pacto eterno.
Por eso, UNA MALDICIÓN DEVORA LA TIERRA, Y SON TENIDOS POR CULPABLES LOS QUE HABITAN EN ELLA. Por eso, son consumidos los habitantes de la tierra, y pocos hombres quedan en ella.
ISAÍAS 24, 5-6

Ven, PUEBLO MÍO, ENTRA EN TUS APOSENTOS Y CIERRA TRAS TI TUS PUERTAS; ESCÓNDETE POR CORTO TIEMPO HASTA QUE PASE LA INDIGNACIÓN.

Porque he aquí, el Señor va a salir de su lugar para castigar la INIQUIDAD *de los habitantes de la tierra, y la tierra pondrá de manifiesto su sangre derramada y no ocultará más a sus asesinados.*
ISAÍAS 26, 20-21

El profeta Isaías explica en los dos versículos precedentes que la tierra ha sido *"profanada por sus habitantes"* y que, por ello, ha caído sobre ella una maldición que la *"devora".* Es, pues, la voluntad del Eterno que nos *"escondamos" "hasta que pase la indignación"* ya que el Señor va a castigar la iniquidad humana.

Pero ¿qué entienden exactamente las Sagradas Escrituras por iniquidad?

El capítulo 2 del Libro del Apocalipsis precisa que el término hace referencia a la idolatría y la fornicación a las que se entrega la humanidad. Estas son las transgresiones que indignan al Eterno y por las que ha permitido que los habitantes de la tierra sean decimados.

Tal vez, lo que el Eterno considera execrable asombre a muchos ya que, es forzoso reconocer que la idolatría y la fornicación son características distintivas de nuestra sociedad.

En ella, la idolatría ha tomado cartas de naturaleza bajo las formas de egolatría y adoración a falsos ídolos como el poder, el dinero, las ideologías, los dogmas e incluso a través de la veneración tan extendida hoy en día, a ídolos populares que no son más que carne.

Respecto a la fornicación, esta práctica se ha convertido en una costumbre muy extendida, una mera actividad física admitida y bien vista. Ha quedado banalizada totalmente y abunda siendo, demasiadas veces, degenerada y aberrante. Frente a semejante panorama es legítimo lamentar que nuestra sociedad adolezca de virtud. En esas condiciones, es fundado temer lo que nos espera.

Lo cierto y probado es que nos hemos apartado profundamente del Eterno y de su designio para la humanidad. Solo hace falta observar el estado en que se encuentra la sociedad global para deducir que está en deuda frente al Altísimo. De modo que, antes de nada, convendría seguir el consejo dado por Isaías 31, 6 *"Volveos a Aquel de quien tan profundamente os apartasteis"*.

Aquellos que han mantenido intacto su espíritu crítico y su decencia, lamentan profundamente que nuestro mundo esté en manos deególatras lúbricos y depredadores que han llevado a la sociedad al colapso moral y han acabado por contaminar el aura del planeta. La polución espiritual es mil veces más temible que la polución atmosférica, aunque también esta última se haya producido previamente con el consiguiente daño infligido a la naturaleza.

Detengámonos un instante en este último aspecto. Por la acción del ser humano, la tierra ha sufrido un deterioro quizá irreparable y esto por partida doble, en su biosfera y en su espíritu. La madre tierra no podrá tolerar ese estado de cosas sin consumirse, de modo que, por su propia supervivencia, si el ser humano no le pone remedio, deberá lanzar la destrucción del destructor que es la humanidad.

Haber depredado a la naturaleza y haberla destruido en parte, genera una carga kármica enorme. No se hiere a la madre que nos sustenta sin pagar un alto precio por ello, aunque, la humanidad viva cegada por la negación y prefiera no darse cuenta de ello.

El panorama es ciertamente inquietante. A pesar de la buena gente que abunda, nuestro mundo se solaza mayoritariamente en la corrupción de toda índole y está controlado por el mal, siendo los malos quienes lo dirigen al haber copado las posiciones de influencia y de poder. Obtener el dominio global no les ha sido difícil porque la naturaleza profunda del hombre es fácilmente corruptible. Es lo que denominamos púdicamente la condición humana.

La Biblia alerta en repetidas ocasiones sobre la maldad del hombre, aspecto que desarrollaremos en el próximo capítulo, y también acerca del dominio del demonio sobre la tierra y los hombres.

Esto último queda descrito en los siguientes versículos del Evangelio de Juan:

Vosotros sois de VUESTRO PADRE EL DIABLO, y los deseos de vuestro padre queréis hacer. Él ha sido homicida desde el principio, y no ha permanecido en la verdad,

*porque no hay verdad en él. Cuando habla mentira, de
lo suyo habla; porque es MENTIROSO, Y PADRE DE
MENTIRA.*
JUAN 8, 44

*Ya no hablaré muchas cosas con vosotros, porque llega
EL PRÍNCIPE DE ESTE MUNDO.*
JUAN 14, 30

También en primera epístola de Juan:

*Sabemos que somos de Dios y que EL MUNDO ENTERO
YACE EN PODER DEL MALIGNO.*
JUAN 5, 19

Por su parte, el Antiguo Testamento revela que el Eterno ha confiado a Satanás la misión de ser el adversario de la humanidad desde el inicio de los tiempos. Es el acusador, el tentador que, como expone inequívocamente el Libro de Job, se encuentra entre los hijos de Dios:

*Un día vinieron a presentarse delante del Eterno LOS
HIJOS DE DIOS, ENTRE LOS CUALES VINO TAMBIÉN SATANÁS.
Y dijo el Eterno a Satanás: ¿De dónde vienes?
Respondiendo Satanás al Eterno, dijo: De rodear la
tierra y de andar por ella.*
JOB 1, 6-7

Aconteció que otro día VINIERON LOS HIJOS DE DIOS PARA PRESENTARSE DELANTE DEL ETERNO, Y SATANÁS VINO TAMBIÉN ENTRE ELLOS presentándose delante del Señor.

JOB 2, 1

Satanás opera, pues, a las órdenes del Eterno para probar al ser humano y a toda la humanidad. Es un acicate para la evolución espiritual, aunque sea un acicate horrendo. Por ello, los sabios cabalistas desean: *"que estés a la altura de tu Satán"*, esto es, de las pruebas que se habrán de afrontar.

En justa contrapartida a ese mal que puede destrozar la vida de cualquiera, el Creador dotó a la raza humana desde su origen con una esencia divina, las llamadas chispas del Eterno, un potencial de bondad y de santidad que otorga la facultad de vencer al maligno y arrebatarle la primacía sobre el mundo.

Es esta, sin duda, la principal y probablemente la única misión de la humanidad, luchar sin descanso contra el mal para restablecer el bien y que reine así el orden divino.

Pero, en lugar de poder regocijarse observando la victoria del bien, el Eterno ha sido decepcionado en numerosas ocasiones por sus criaturas, teniendo que constatar como los hombres se someten al maligno, corrompiéndose y envileciéndose. Por ello, hasta hoy, el señor de las tinieblas no ha sido vencido, más bien al contrario, se ha reforzado y triunfa.

Los sucesivos mesías que han encarnado sobre la

tierra desde la noche de los tiempos han mostrado el camino, pero la humanidad ha sido incapaz de entender plenamente su mensaje y, en consecuencia, no han podido seguirlo o lo han hecho solo parcialmente.

Y es que el mal es atractivo y tentador porque aporta una sensación inmediata de poder. Es eficaz, fácil y da un rédito rápido, mientras que el camino hacia el bien es arduo, conlleva frustraciones, exige sacrificios y el don de sí. Así, la maldad se acumula sobre la tierra hasta que llega al punto de saturación y, cuando la corrupción impera, el Eterno interviene con fuerza.

En la actualidad, nos encontramos en una situación comparable a la de la humanidad en tiempos de Noé cuando la violencia y la corrupción habían impregnado la tierra. Nosotros también hemos llegado a ese extremo y, por ello, la cantidad de mal que tendría que abandonar la tierra es ingente, tanta que parece tarea imposible equilibrar la balanza entre el bien y el mal.

Cuando el mal ha vencido al bien, la situación no tiene retorno y la humanidad debe ser purificada, esto es decimada, para restablecer el equilibrio entre las polaridades opuestas sobre el planeta. De lo contrario, este lanzaría su propia autodestrucción al ser incapaz de subsistir frente a semejante acumulación de fuerzas negativas.

Desde esta óptica transcendente, sabemos que la tierra es un ser vivo y sensible. Lamentablemente, este aspecto que es verdadero sigue siendo desconocido, por lo que muy pocos lo tienen en cuenta.

Así pues, si resulta duro aceptar el papel que el Eterno atribuye a Satanás, aún más duro será reconocer que esta pandemia de angustia universal corresponde a la voluntad de Dios porque nada acontece sin que Él lo permita. Ello debería invitarnos a entender que lo que nos sucede es consecuencia de nuestros actos y a concluir, entonces, que la corrección es justa y necesaria.

Desde esta perspectiva, el sufrimiento provocado por la enfermedad y la destrucción de los medios de vida aparece como una gran purga en aras de un bien superior. Ante pérdidas semejantes, los sabios afirman como Job 1, 21: *"Dios me lo dio, Dios me lo quitó, bendito sea el Nombre del Señor"*.

A estas alturas de nuestra reflexión, si sigue leyendo este libro es usted un valiente en busca de la verdad y ya habrá entendido que todo lo que acontece emana de la voluntad divina. Y a partir de ahí pasará a preguntarse quién o quiénes serán los ejecutores de la purga.

Sabemos que, cuando se abate el castigo, Dios retira su manto protector a la humanidad y deja actuar a los agentes del mal que son los encargados de proceder a las sucesivas limpias antes de que, si fuera necesario, sobrevenga algo peor. Los perpetradores son, pues, los hijos de la oscuridad, los de la serpiente, a los que Dios permite actuar dejando a la humanidad sin Su amparo.

Existe un precedente debidamente documentado de una gran aniquilación. La Biblia relata en el Génesis 7 el episodio del diluvio universal, una destrucción colectiva de la humanidad y conviene tener presente que este acontecimiento puede tener una base histórica al estar recogido en más de 200 tradiciones repartidas por todo el mundo.

La narración del diluvio explica cómo las grandes aguas anegaron la tierra cuando la humanidad se había corrompido hasta hacer incompatible su supervivencia con la del planeta. Indefectiblemente, frente a tamaña disyuntiva, Dios protege en prioridad a la tierra, que es un ser superior a todas las formas de vida que acoge y a las que garantiza su supervivencia.

En virtud de lo que precede, entendemos que los castigos colectivos son ante todo un aviso para que haya corrección y enmienda. Aunque, si la rectificación no interviene, seguirá la devastación que purificará la tierra.

El Libro del Génesis 6 explica el castigo del diluvio universal, atribuyéndolo a la violencia y corrupción que colmaban la tierra:

Y se CORROMPIÓ la tierra delante de Dios, y estaba la tierra llena de VIOLENCIA.
Y miró Dios la tierra, y he aquí que estaba corrompida; porque toda carne tenía una CONDUCTA VICIOSA sobre la tierra.
Dijo, pues, Dios a Noé: He decidido acabar con toda carne, porque la tierra está llena de violencia a causa de ellos. Por ello, he aquí que voy a exterminarlos de la tierra.
GÉNESIS 6, 11-13

La descripción que hace el Génesis de la violencia, la corrupción y la conducta viciosa sobre la tierra recuerda el estado de la sociedad humana a escala global en los tiempos presentes.

Es difícil no relacionar lo que acabamos de leer en el Génesis 6 con lo visto en el Libro Primero de las Crónicas 21 acerca de la peste lanzada por el Eterno como reacción a los pecados de la humanidad antes de que sea demasiado tarde.

La peste es, pues, el prolegómeno de lo que podría acaecer después.

Asimilarlo es penoso y ciertamente dibuja una perspectiva desoladora. Aunque, si quisiéramos revertir la situación, habríamos de captar realmente los motivos espirituales de lo que encajamos. Para ello, habremos de excavar en la Biblia en busca de los versículos pertinentes y esto es lo que haremos rigurosamente en los capítulos siguientes.

Durante el paseo por el texto bíblico que daremos en esta obra, nos toparemos con nuestras transgresiones, pero también descubriremos los preceptos que Dios ha previsto para nosotros, las pistas que nos proporciona y lo que espera de la humanidad. Veremos cómo el Eterno afirma la alianza con sus ungidos y cómo manda a los humanos que sean santos. Y lo que es más importante, sabremos cómo salvarnos.

Con ese propósito, analizaremos uno tras otro los mensajes divinos para llegar al pleno conocimiento de lo que acontece y cuáles son las vías de salida.

Pero, antes de empezar toda aventura espiritual, conviene seguir el ejemplo de Job y dirigirnos al Altísimo solicitando luz en la prueba:

Diré al Eterno: No me condenes; hazme entender por qué contiendes conmigo.
JOB 10, 2

Si, mediante las enseñanzas contenidas en este primer capítulo, hubiéramos entendido que a toda ofensa hecha al Eterno sigue una retribución y que no hay sanción sin transgresión previa, habremos subido el primer peldaño en nuestra escalera hacia la revelación de los misterios espirituales de la peste que hoy nos aflige.

SEGUNDO PELDAÑO: INCLINACIÓN AL MAL

Hemos visto en el Libro del Génesis 6, 11-13, transcrito en el capítulo precedente, cómo la violencia y la corrupción que infectaban la tierra provocaron la cólera del Eterno y su voluntad de aniquilar a la humanidad. Antes, en el mismo capítulo, el Génesis recoge la decepción del Eterno con el ser humano:

Y dijo el Eterno: Exterminaré de sobre la faz de la tierra a los hombres que he creado, desde el hombre hasta la bestia, y hasta el reptil y las aves del cielo; PUES ME ARREPIENTO DE HABERLOS HECHO.

GÉNESIS 6, 7

Este versículo enfatiza el desengaño del Eterno que Le lleva hasta el extremo de arrepentirse de Su creación. Es un punto de ruptura en el que Dios afirma que la humanidad no ha sido capaz de satisfacer Sus expectativas.

Pero ¿por qué tamaña decepción? La respuesta viene dada por otros dos versículos del Génesis que reflejan como el Eterno ha constatado la inclinación al mal del ser humano.

Primero, lo explica el Génesis en el mismo capítulo 6:

Y vio el Eterno que la maldad de los hombres era mucha en la tierra, y que todo designio de los pensamientos del corazón de ellos era de continuo - hacer - solamente el mal.
GÉNESIS 6, 5

Posteriormente, el Génesis afirma que el mal anida en la condición humana desde su juventud:

. . . porque la intención del corazón humano es mala desde su juventud. . .
GÉNESIS 8, 21

Así pues, la humanidad, que había sido creada a imagen y semejanza del Eterno, ha traicionado el plan divino, incumpliendo su misión y, en lugar de ser excelsa, es vil. Es una triste conclusión que no admite paliativos y que recoge asimismo el Libro del Eclesiastés:

Este mal hay entre todo lo que se hace debajo del sol, que un mismo suceso acontece a todos, y también que EL CORAZÓN DE LOS HIJOS DE LOS HOMBRES ESTÁ LLENO DE MAL y de insensatez durante su vida, y después de esto se van a los muertos.
ECLESIASTÉS 9, 3

Tanto el Génesis como el Eclesiastés describen una humanidad que se ha corrompido y ha abandonado sus escrúpulos y sus valores. Los humanos se han transformado en seres desaprensivos sin fe ni justicia que actúan movidos únicamente por la vanidad y la satisfacción de sus deseos personales.

El profeta Isaías resume esta nefasta evolución afirmando que *"conciben maldades y dan a luz iniquidad"*:

No hay quien clame por la justicia, ni quien juzgue por la verdad; confían en vanidad, y hablan vanidades; CONCIBEN MALDADES, Y DAN A LUZ INIQUIDAD.
ISAÍAS 59, 4

Entonces, se ha llegado al punto en que la verdad está mal vista y se niegan las evidencias. La mentira es la regla y se represalia a los íntegros.

Por su parte, el Evangelio de Lucas 16, 8 describe a *"los hijos de este siglo"* en contraposición a *"los hijos de la luz"*: *"Y alabó el amo al mayordomo MALO por haber hecho sagazmente; porque LOS HIJOS DE ESTE*

SIGLO son más sagaces en el trato con sus semejantes que los hijos de la luz."

Esta es en gran medida nuestra propia realidad y, aun así, el Señor quiere dar con los justos para poder perdonarnos. Lamentablemente, no siempre existen, con lo que el perdón no puede producirse.

En el Libro del profeta Ezequiel, leemos el relato de la frustración divina al no encontrar justos que propicien su perdón:

Recorred las calles de Jerusalén, y mirad ahora, e informaos; buscad en sus plazas a ver si halláis hombre, si hay alguno que HAGA JUSTICIA, QUE BUSQUE VERDAD; Y YO LA PERDONARÉ.
JEREMÍAS 5, 1

Aunque, el relato bíblico más completo sobre la búsqueda infructuosa de justos está en el episodio de Sodoma y Gomorra descrito en el Génesis 18. También ahí se presenta a los justos como aquellos capaces de redimir a sus colectividades y salvarlas.

En ese texto, Abraham intercede por Sodoma y el Eterno le promete que no la destruirá si halla a unos pocos justos entre sus habitantes. Abraham propone inicialmente dar con 50 justos, pero va disminuyendo progresivamente sus aspiraciones, lo que el Eterno acepta, hasta fijar un número de 10 justos, como recoge el Génesis 18, 32. A pesar de lo modesto de la cifra, Abraham tampoco los encuentra y a ello sigue inevitablemente la destrucción de Sodoma y Gomorra, relatada en el capítulo 19. Dos ciudades que desaparecen barridas por *"una lluvia de fuego y de azufre"*.

Es de gran interés meditar sobre los versículos del Génesis 18 en los que Dios va aminorando Sus expectativas en la búsqueda de los justos. Los reproducimos a continuación:

Dijo, pues, el Eterno: «El clamor de Sodoma y de Gomorra es grande; y su pecado gravísimo.
Ea, voy a bajar personalmente, a ver si lo que han hecho responde en todo al clamor que ha llegado hasta mí, y si no, he de saberlo.»
Y marcharon desde allí aquellos individuos camino de Sodoma, en tanto que Abraham permanecía parado delante del Señor.
Abordóle Abraham y dijo: «¿ASÍ QUE VAS A BORRAR AL JUSTO CON EL MALVADO?
Tal vez haya cincuenta justos en la ciudad. ¿Es que vas a borrarlos, y no perdonarás a aquel lugar por los cincuenta justos que hubiere dentro?
Tú no puedes hacer tal cosa: dejar morir al justo con el malvado, y que corran parejas el uno con el otro. Tú no puedes. El juez de toda la tierra ¿va a fallar una injusticia?»
Dijo el Eterno: «Si encuentro en Sodoma a CINCUENTA JUSTOS en la ciudad perdonaré a todo el lugar por amor de aquéllos.
Replicó Abraham: «¡Mira que soy atrevido de

interpelar a mi Señor, yo que soy polvo y ceniza!
Supón que los cincuenta justos fallen por cinco.
¿Destruirías por los cinco a toda la ciudad?» Dijo:
«No la destruiré, si encuentro allí a CUARENTA Y
CINCO.»
Insistió todavía: «Supón que se encuentran allí
cuarenta.» Respondió: «Tampoco lo haría, en atención
de esos CUARENTA.»
Insistió: «No se enfade mi Señor si le digo: "Tal vez se
encuentren allí treinta".» Respondió: «No lo haré si
encuentro allí a esos TREINTA.»
Díjole. «¡Cuidado que soy atrevido de interpelar a mi
Señor! ¿Y si se hallaren allí veinte?»
Respondió: Tampoco haría destrucción en gracia de
los VEINTE.» Insistió: «Vaya, no se enfade mi Señor, que
ya sólo hablaré esta vez: "¿Y si se encuentran allí
diez?"» Dijo: «Tampoco haría destrucción, en gracia
de los DIEZ.»
Partió el Eterno así que hubo acabado de conversar
con Abraham, y éste se volvió a su lugar.
GÉNESIS, 18, 20-32

Este extraordinario episodio demuestra, una vez
más que, en ausencia de justos, esto es, de buenas
personas temerosas de Dios, que son las que actúan como
escudo espiritual, nada podrá impedir la destrucción de
las colectividades inicuas donde residen. Ello revela que
la presencia de justos es la mejor protección que un
grupo humano pueda ambicionar para asegurarse la

supervivencia.

Una vez establecido por Dios mismo que el ser humano está inclinado al mal, corresponde explicar lo que el Antiguo Testamento entiende por ese concepto.

El judaísmo contempla no solo una, sino dos figuras que encarnan la energía del mal y que atormentan al hombre a lo largo de su vida. La primera de ellas es Satanás, el adversario, el tentador, y la segunda, Amalec, que representa la inclinación al mal en el ser humano y encarna el mal absoluto, la voluntad ciega de destrucción y de muerte. Es el enemigo último de todo lo que es puro y divino en el hombre y en la creación.

Del mismo modo que Satanás contribuye mediante la prueba del sufrimiento a la evolución del ser humano, Amalec es el mal sin paliativos, la voluntad de aniquilación. Es el enemigo jurado de Dios. Por ello, el Libro del Éxodo, segundo de la Torá, revela que el Altísimo estará en guerra perpetua con Amalec:

y dijo: Por cuanto la mano de Amalec se levantó contra el trono del Eterno, el Señor tendrá guerra con Amalec de generación en generación.
ÉXODO 17, 16

Algunos teósofos reconocen igualmente la existencia de una dualidad activa al servicio del mal y nombran a sus protagonistas Lucifer, que encarna el orgullo y el endiosamiento, y Ahriman, que encarna a la materia bruta y al mal enemigo del bien.

Sea cual sea el nombre que se les atribuya, ambos son los máximos representantes de los poderes del mal que zarandean al hombre durante toda su existencia, opacan el alma, la alejan de la trascendencia y la llevan a su destrucción.

Del mismo modo que Satanás cumple su misión de tentar al ser humano, pero actúa bajo la autoridad del Eterno, el Altísimo no puede albergar tolerancia alguna en presencia del mal absoluto que es Amalec, la total negación del bien y de lo divino.

Nada en el mundo espiritual es más peligroso y funesto que Amalec, al que ni siquiera se nombra en la tradición judía para no atraer su nefasta influencia. Por ello, si Amalec se manifiesta, el Eterno condena, y cuando esto sucede no hay salvación posible. Lo sugiere el Libro del Apocalipsis:

Porque ha llegado el Gran Día de su cólera y
¿quién podrá sostenerse?
APOCALIPSIS 6, 17

Entonces, el castigo recibido es ser erradicado, lo que implica la pérdida del alma. Para el judaísmo, es la exclusión del libro de los justos después de vidas consagradas a Amalec:

. . . Al que pecare contra mí, a éste rayaré yo de mi
libro.
ÉXODO 32, 33

En lo que respecta al Nuevo Testamento, el último libro que es el Apocalipsis explica la intención del Eterno de castigar a la humanidad por su negativa a arrepentirse de sus fornicaciones:

Le he dado tiempo para que se arrepienta, pero no quiere ARREPENTIRSE DE SU FORNICACIÓN.
Mira, a ella voy a arrojarla al lecho del dolor, y a los que adulteran con ella, a una gran tribulación, si no se arrepienten de sus obras.
APOCALIPSIS 2, 21-22

En la Biblia, el término fornicación abarca un amplio catálogo de abominaciones y depravaciones. El remedio para preservarse de la sanción impuesta a causa de ellas es inequívocamente el arrepentimiento que supone el retorno a una vida recta:

Yo a los que amo, los reprendo y corrijo. Sé, pues, ferviente y arrepiéntete.
APOCALIPSIS 3, 19

Lo revelado en el versículo precedente permite concluir que la fe del creyente y el arrepentimiento de sus pecados son lo primero que el Eterno demanda para levantar el castigo y preservarle de la adversidad.

El Libro de los Proverbios da la recomendación áurea al ser humano respecto a la ética que ha de seguir durante toda su existencia:

Que se aparte del mal y haga el BIEN; *que busque la*
PAZ y la siga.
PROVERBIOS *4, 15*

Por su parte, el profeta Isaías pone en guardia a aquellos que tergiversan la verdad y que confunden voluntariamente el bien con el mal:

¡Ay de los que llaman al mal bien y al bien mal, que tienen las tinieblas por luz y la luz por tinieblas, que tienen lo amargo por dulce y lo dulce por amargo!
ISAÍAS *5, 20*

En nuestra sociedad, no escasean los que niegan toda evidencia respecto a lo bueno y a lo malo, y lo pervierten para su propio beneficio. El Altísimo les tendrá rigor por ello.

En este capítulo hemos conocido los versículos relativos a la retribución y a sus mecanismos y si, con ello, hubiésemos captado la realidad de la inclinación al mal del ser humano y, con ella, de la necesidad de arrepentimiento, habríamos subido el segundo peldaño de la escalera de Jacob que nos dejará vislumbrar el trasfondo espiritual de nuestras penas actuales y de sus probables secuelas.

TERCER PELDAÑO: LOS CIMIENTOS

En este momento de nuestro recorrido, es indispensable reproducir el decálogo de la Ley de Moisés que la Biblia recoge en dos libros de la Torá, en el Éxodo, 20 y en el Deuteronomio, 5. Lo leeremos en el texto del Éxodo:

Entonces pronunció Dios todas estas palabras diciendo:
«Yo, el Eterno, soy tu Dios, que te he sacado del país de Egipto, de la casa de servidumbre.
No habrá para ti otros dioses delante de mí.
No te harás escultura ni imagen alguna ni de lo que hay arriba en los cielos, ni de lo que hay abajo en la tierra, ni de lo que hay en las aguas debajo de la tierra.
No te postrarás ante ellas ni les darás culto, porque yo

*el Eterno, tu Dios, soy un Dios celoso, que castigo la
iniquidad de los padres en los hijos hasta la tercera y
cuarta generación de los que me odian,
y tengo misericordia por millares con los que me aman
y guardan mis mandamientos.
No tomarás en falso el nombre del Señor, tu Dios;
porque el Eterno no dejará sin castigo a quien toma su
nombre en falso.
Recuerda el día del sábado para santificarlo.
Seis días trabajarás y harás todos tus trabajos,
pero el día séptimo es día de descanso para el Señor, tu
Dios. No harás ningún trabajo, ni tú, ni tu hijo, ni tu
hija, ni tu siervo, ni tu sierva, ni tu ganado, ni el
forastero que habita en tu ciudad.
Pues en seis días hizo Dios el cielo y la tierra, el mar y
todo cuanto contienen, y el séptimo descansó; por eso
bendijo el Señor el día del sábado y lo hizo sagrado.
Honra a tu padre y a tu madre, para que se prolonguen
tus días sobre la tierra que el Señor, tu Dios, te va a
dar.
No matarás.
No cometerás adulterio.
No robarás.
No darás testimonio falso contra tu prójimo.
No codiciarás la casa de tu prójimo, ni codiciarás la
mujer de tu prójimo, ni su siervo, ni su sierva, ni su
buey, ni su asno, ni nada que sea de tu prójimo.»
ÉXODO 20, 1-17*

Los diez mandamientos son la columna que vertebra toda la Biblia y son de ineludible cumplimiento.

Después de los cinco libros de la Torá, la primera mención al decálogo se encuentra recogida en el libro siguiente que es el de Josué:

Esforzaos, pues, mucho en guardar y hacer todo lo que está escrito en el libro de la ley de Moisés, sin apartaros de ello ni a diestra ni a siniestra;
JOSUÉ 23, 6

Y así sucesivamente a lo largo de la Biblia.

Una vez entendida la absoluta obligatoriedad del decálogo, pasemos a analizar el gran mandamiento, el mayor, primero y fundamental.

EL GRAN MANDAMIENTO

El principal de entre todos los mandamientos figura bellamente formulado en el Deuteronomio 6. Es el que manda amar a Dios por encima de todas las cosas:

Y amarás al Eterno tu Dios de todo tu corazón, y toda tu alma, y con todas tus fuerzas.
DEUTERONOMIO 6, 5

Este es el precepto central de la Biblia desde el Antiguo hasta el Nuevo Testamento. Es, además, la ley de oro porque en el perfecto amor a Dios radica la completa felicidad y también la plena protección contra la adversidad.

El gran mandamiento se completa con el de amar a los semejantes, como indica el tercer libro de la Torá, el Levítico:

No te vengarás, ni guardarás rencor a los hijos de tu pueblo, sino que AMARÁS A TU PRÓJIMO COMO A TI MISMO; yo soy el Eterno.
LEVÍTICO 19, 18

Al supremo mandamiento de amar a Dios sobre todas las cosas, además de amar al prójimo como a sí mismo, sigue el designio del Altísimo para la humanidad y es la instrucción que Dios le da al ser humano de ser perfecto. El Deuteronomio recoge este precepto:

Perfecto serás delante del Eterno tu Dios.
DEUTERONOMIO 18, 13

Y también se repite en el Nuevo Testamento, en el Evangelio de Mateo:

Por tanto, sed vosotros perfectos como vuestro Padre celestial es perfecto.
MATEO 5, 48

El Libro de Job completa lo anterior con la desafección del Eterno por los malvados:

He aquí que Dios no aborrece al perfecto, ni apoya la mano de los malignos.
JOB 8, 20

Así pues, no puede caber duda de que Dios nos quiere perfectos. Esa era la ambición de los cátaros y es la de cada creyente sincero, ser perfecto a ojos de Dios.

Amar al Eterno, al prójimo y ser perfecto ante Él, estos son los tres pilares fundamentales de lo que Dios espera de cada ser humano.

Si fuésemos capaces de respetar estos tres mandatos, nuestro estudio del texto bíblico sería superfluo, habríamos cumplido nuestra misión sobre la tierra y la pandemia sería solo una anécdota. Pero, lamentablemente, atravesamos una época de tribulación global por haber fallado al acatamiento debido a esos mandamientos.

Nuestra realidad está muy lejos de la imagen que proyecta un humano perfecto, amante de Dios y de su prójimo. Bien al contrario, hemos apartado a Dios de nuestras vidas y somos todo menos perfectos.

La pura verdad es que, en nuestro mundo, Dios ha sido dado de lado. No está de moda. La cultura de hedonismo imperante rechaza aceptar que los actos tienen consecuencias y los satanistas que lo gobiernan han conseguido hacer pasar al Eterno por una superstición sin fundamento. Nada más errado y peligroso. Los justos dan testimonio de ello.

Dios es una realidad precisa, nos ha creado, nos guía y nos ha dado sus mandamientos para que vivamos rectamente y pide que los respetemos. A cambio, nos protegerá de toda desgracia, como la peste.

Aunque ciertamente, nada puede acontecerle al hombre entregado a Dios ya que, incluso enfrentado a la muerte, entraría en Su Luz.

LA CLAVE CONTRA LA PLAGA

A partir del refugio seguro que procura el primer mandamiento, estamos listos para proseguir nuestra búsqueda bíblica. En ella, tropezaremos acto seguido con una extraordinaria y detallada instrucción divina que da la clave para esquivar la peste y su plaga de miedo.

Esta clave se encuentra en el Libro del Éxodo, segundo libro de la Torá. El versículo transcrito a continuación contiene una información capital.

Prestemos mucha atención a lo que sigue:

*y dijo: Si oyeres atentamente la voz del Eterno tu Dios,
e hicieres lo recto delante de sus ojos, y dieres oído a
sus mandamientos, y guardares todos sus estatutos,
ninguna enfermedad de las que envié a los egipcios te*

enviaré a ti; porque yo soy el Eterno tu sanador.

ÉXODO 15, 26

Desgranemos esta clave:

1. *Si OYERES atentamente LA VOZ DEL ETERNO tu Dios,*
2. *e HICIERES LO RECTO delante de sus ojos,*
3. *y DIERES OÍDO A SUS MANDAMIENTOS,*
4. *y GUARDARES TODOS SUS ESTATUTOS,*
5. *NINGUNA ENFERMEDAD de las que envié a los egipcios te enviaré a ti; porque yo soy el Eterno tu sanador.*

ÉXODO 15, 26

En primer lugar, el Eterno pide al ser humano que escuche Su Voz, lo que implica estudiar y meditar las Sagradas Escrituras donde está recogida Su Palabra.

En segundo lugar, el Eterno demanda que se viva una vida recta, esto es, virtuosa.

En tercer lugar, exige que se tengan en cuenta sus mandamientos.

En cuarto y último lugar, requiere que se guarden todos sus preceptos.

Mediando el cumplimiento de todo ello, el Eterno salvaguardará a su siervo de aquellas enfermedades que envió a los egipcios, las diez plagas.

Así pues, la Biblia garantiza categóricamente

que, si hacemos sitio a Dios en nuestra vida y seguimos sus ordenanzas, esto es, si tratamos de ser perfectos y llevamos una vida de virtud, seremos salvos.

Con el propósito de servirle de guía para conseguirlo, el resto de esta obra será consagrado a los versículos que explican en detalle y con profundidad esta clave, cómo escuchar a Dios en la medida de nuestras fuerzas, que significa concretamente ser recto a los ojos del Eterno y, además, qué hay que hacer concretamente para cumplir sus mandamientos y cuáles son sus preceptos.

Si permaneciésemos sólidamente anclados en el amor a Dios y en el respeto de sus mandamientos, podríamos superar tanto pestes como plagas y habríamos subido el tercer peldaño de la escalera de conocimiento que nos eleva hasta discernir el motivo espiritual de nuestras tribulaciones actuales.

CUARTO PELDAÑO:
LOS PRECEPTOS

Una vez asimilado lo que precede, pasemos a estudiar los versículos que explican qué es hacer lo recto a los ojos del Eterno y cuál es la línea de conducta que Él ha diseñado para la humanidad. Esos preceptos están implícitos en todos los libros de la Biblia, aunque solo se hallan formulados en algunos versículos específicos que recopilaremos en este capítulo.

En Su misericordia, el Eterno nos ha dado instrucciones inestimables a las que hemos de plegarnos para seguir el camino ascendente hacia la perfección espiritual. Dichas pautas conciernen diversos aspectos de la vida, la convivencia y la conducta.

La compilación que sigue incluye los preceptos dirigidos a esquivar el fenómeno de la peste y la adversidad que la acompaña.

El primer precepto, que es capital, concierne el Nombre del Altísimo.

1. EL NOMBRE DE DIOS

El primer precepto se refiere al respeto debido al Nombre de Dios, palabra sagrada entre todo lo sagrado.

Es de tal importancia que se encuentra transcrito de manera idéntica en dos libros de la Torá en los que se presenta como un mandamiento. Es el tercero para la tradición cristiana:

No tomarás el nombre del Señor tu Dios en vano, porque el Señor no tendrá por inocente al que tome su nombre en vano.
ÉXODO 20, 7
DEUTERONOMIO 5, 11

Del respeto al Nombre de Dios deriva el deber de no profanarlo que recoge el capítulo 19 del Levítico relativo a las leyes de santidad y de justicia:

Y no juraréis falsamente por mi nombre, profanando así el nombre de tu Dios. Yo el Eterno.
LEVÍTICO 19, 12

El Libro del Génesis 1 revela el poder de la palabra, por la que el Eterno creó el universo y todo lo que existe en él. El Génesis desvela, pues, que la palabra manifiesta.

La más sagrada de todas las palabras es el Nombre del Eterno, que nunca puede pronunciarse con descuido, aunque, por su misma potencia protectora, puede y debe ser invocado como baluarte máximo en caso de necesidad.

Así lo indica el Libro del profeta Joel:

Y todo aquel que invocare el nombre del Eterno será salvo.
JOEL 2, 32

El poder salvífico del Nombre de Dios queda recogido en varios libros de la Biblia y muy significativamente en el Libro de los Salmos, y en particular, en el sublime Salmo 91:

Pues él se abraza a mí, yo he de librarle; le exaltaré, pues conoce mi Nombre.
SALMO 91, 14

Del respeto al Nombre de Dios deriva el precepto de la unión con Dios.

2. LA UNIÓN CON DIOS

La unión con Dios es la clave de la beatitud.

Unión, respeto y amor quedan resumidos en el concepto bíblico del temor de Dios que es hacerle espacio en nuestra vida, respetarle y entregarse a Él en total confianza.

Lo resume certeramente el Libro de Job:

Y dijo al hombre: He aquí que el temor del Señor es la sabiduría, y el apartarse del mal, la inteligencia.
JOB 28, 28

La devoción a Dios, que le da presencia en nuestra realidad, tiene el poder de librarnos de los enemigos. Este es el término simbólico que utiliza la Biblia para designar a los agentes del mal:

pero temed al Señor vuestro Dios, y él os librará de mano de todos vuestros enemigos.
II REYES 17, 39

La unión con el Eterno lleva naturalmente a entregarle cada uno de nuestros proyectos, sabiendo que se realizarán. Y cuando algo nos parezca demasiado grande o complejo para intentar siquiera resolverlo, lo justo es encomendarlo al Señor, esto es a abandonarlo en Sus manos y Él se encargará de solventarlo.

Lo expresa el Libro de los Proverbios:

Al Eterno encomienda tus obras, y tus
proyectos se llevarán a cabo.
PROVERBIOS 16, 3

Y cuando nuestros asuntos no salgan como quisiéramos y estemos atravesando un periodo de adversidad, la solución segura será regresar a Dios. Ya lo vimos en Isaías 31, 6 que nos aconsejaba volver al Eterno del que nos habíamos apartado, como leímos en el primer capítulo relativo a la retribución.

El Libro de Job resume esa máxima como sigue:

Si te volvieres al Omnipotente, serás edificado; alejarás
de tu tienda la aflicción;
JOB 22, 23

De los dos preceptos anteriores, el respeto debido al Nombre de Dios y la unión con el Eterno, deriva el ineludible cumplimiento de los votos que se Le hagan.

3. LOS VOTOS HECHOS AL ETERNO

Los votos dirigidos al Eterno establecen un lazo espiritual duradero que conecta el alma humana con la divinidad y son, por tanto, promesas insoslayables. Quebrantarlas es gran pecado.

El Deuteronomio lo expresa con claridad:

Cuando haces voto al Señor tu Dios, no tardes en cumplirlo; porque ciertamente lo demandará el Señor tu Dios de ti, y sería pecado en ti.
Mas cuando te abstengas de prometer, no habrá en ti pecado.
Pero lo que hubiere salido de tus labios, lo guardarás y lo cumplirás, conforme lo prometiste al Señor tu Dios, pagando la ofrenda voluntaria que prometiste con tu boca.
DEUTERONOMIO 23, 21-23

Del respeto debido a los votos se deduce la necesaria prudencia para no precipitarse con las promesas que pudiéramos hacer al Señor sabiendo que nos vinculan espiritualmente y no tienen vuelta atrás:

Lazo es al hombre hacer apresuradamente voto de consagración, y después de hacerlo, reflexionar.
PROVERBIOS 20, 25

Lo perentorio respecto al cumplimiento de los votos formulados al Eterno implica el compromiso con virtudes fundacionales como son la verdad y la justicia.

4. LA VERDAD Y LA JUSTICIA

Cuando se teme a Dios, se ha de evitar todo engaño porque, incurriendo en falsedad, se entra de lleno en el terreno de Satanás al que la Biblia identifica precisamente como el señor de la mentira. Lo hemos visto en el Evangelio de Juan 8, 44, transcrito en el capítulo primero relativo a la retribución.

Por todo ello, recuerda el Libro del Levítico:

Y no engañe ninguno a su prójimo, sino temed a vuestro Dios; porque yo soy el Eterno vuestro Dios.
LEVÍTICO 25, 17

Para nuestra desgracia, vivimos una época en la que predomina la mentira siendo, a menudo, la regla. La corrupción de nuestra sociedad hace incluso que, mentir con arte se valore como un signo de inteligencia. Cierto es que, la falsedad es una manifestación del mal que procura réditos rápidos con lo que resulta atractiva para muchos. Por ella, se construye una nueva realidad ficticia que permite escapar a las consecuencias de actos reprensibles. En nuestro mundo, el dominio de la mentira es constatable ya que, lamentablemente, tanto la actividad política como la mediática están basadas en el manejo sutil del engaño y la manipulación, con lo que, otros sectores de la sociedad se contaminan igualmente.

La mentira puede llegar muy lejos y sumir a un

grupo o a toda una sociedad en una espiral de falsedad. Por ella se fabrica un mundo de impostura que puede conducir a una colectividad a su destrucción.

En la vida civil, el respeto de la verdad a su más alto nivel se transforma en justicia y, por consiguiente, la falsedad o prevaricación en ese ámbito tiene severas consecuencias, tanto para el engañado, al que puede infligírsele un daño quizá irreparable, como para el engañador que acumula una carga kármica que le será difícil eliminar.

Por ello, el Libro del Levítico formula de modo imperativo este importante precepto:

> *No harás injusticia en el juicio, ni favoreciendo al*
> *pobre ni complaciendo al grande; con justicia juzgarás*
> *a tu prójimo.*
> *LEVÍTICO 19, 15*

Gozar de mucho poder tiene la contrapartida de cargar con mucha responsabilidad. En consecuencia, las transgresiones de aquellos que están investidos de poder son particularmente graves y Dios las trata con extremo rigor, como recuerda el Libro de la Sabiduría:

> *Porque un juicio implacable espera a los que*
> *están en lo alto;*
> *al pequeño, por piedad, se le perdona, pero los*
> *poderosos serán poderosamente examinados.*
> *SABIDURÍA 6, 5-6*

En esa misma óptica, el Libro de Miqueas lamenta la suerte que espera a los que, detentando el poder, hacen maldades:

¡Ay de los que en sus camas piensan iniquidad y maquinan el mal, y cuando llega la mañana lo ejecutan, porque tienen en su mano el poder!
MIQUEAS 2, 1

En fin, la verdad y la justicia se transmiten mediante la palabra justa que es, a su vez, resultado del pensamiento justo.

5. LA PALABRA JUSTA

Volvemos aquí a la importancia de la palabra, esta vez, la pronunciada por el ser humano como criatura de Dios. Incontestablemente, el vehículo de la verdad y la justicia es la palabra justa. Esta mantiene la pureza del ser humano y le acerca a la vida perfecta que el Eterno ha previsto para él.

La palabra justa refleja el pensamiento justo y, por tanto, la integridad del corazón. Esta concatenación virtuosa está recogida en el Nuevo Testamento y concretamente en el Evangelio de Marcos:

Y llamando a sí a toda la multitud, les dijo: Oídme todos, y entended:

Nada hay fuera del hombre que entre en él, que le pueda contaminar; pero lo que sale de él, eso es lo que contamina al hombre. Si alguno tiene oídos para oír, que oiga.

Cuando se alejó de la multitud y entró en casa, le preguntaron sus discípulos sobre la parábola.

Él les dijo: ¿También vosotros estáis así sin entendimiento? ¿No entendéis que todo lo de fuera que entra en el hombre, no le puede contaminar, porque no entra en su corazón, sino en el vientre, y sale a la letrina? Esto decía, haciendo limpios todos los alimentos.

Pero decía, que LO QUE DEL HOMBRE SALE, ESO CONTAMINA AL HOMBRE.

PORQUE DE DENTRO, DEL CORAZÓN DE LOS HOMBRES, SALEN LOS MALOS PENSAMIENTOS, LOS ADULTERIOS, LAS FORNICACIONES, LOS HOMICIDIOS, LOS HURTOS, LAS AVARICIAS, LAS MALDADES, EL ENGAÑO, LA LASCIVIA, LA ENVIDIA, LA MALEDICENCIA, LA SOBERBIA, LA INSENSATEZ.

TODAS ESTAS MALDADES DE DENTRO SALEN, Y CONTAMINAN AL HOMBRE.

MARCOS 7, 14-23

La verdad y la justicia son propias de un corazón sin tacha y permiten vislumbrar la perfección que alcanzará el creyente. Sabemos que su pureza actuará como escudo contra las tribulaciones tanto para sí mismo como para los que le rodean. Ello beneficiará significativamente a sus semejantes y al grupo humano en el que habite.

6. EL AMOR AL PRÓJIMO

Hemos visto que el supremo mandamiento del amor a Dios se completa con el del amor al prójimo. Lo recuerda Jesús en el Evangelio de Mateo haciéndose eco de lo dispuesto en Levítico 19, 18 que vimos en el capítulo tercero en el apartado del gran mandamiento:

Maestro, ¿cuál es el gran mandamiento en la ley?
Jesús le dijo: Amarás al Señor tu Dios con todo tu
corazón, y con toda tu alma, y con toda tu mente.
Este es el primero y grande mandamiento.
Y el segundo es semejante: Amarás a tu prójimo como a
ti mismo.
De estos dos mandamientos depende toda la ley y los
profetas.
MATEO 22, 36-40

Del amor al prójimo derivan la caridad y la benevolencia, virtudes de práctica obligada. Veamos primero la caridad que es la voluntad de hacer y desear el bien para todos.

7. LA CARIDAD

En presencia de los menesterosos, la persona de bien no puede dudar un instante en ayudarles y aliviar sus penas que pueden ser de índole espiritual además de material. De ahí el consuelo, que es de orden moral, y la caridad puesta en práctica que consiste en asistir al prójimo e interesarse por su suerte.

Afirma el profeta Isaías que, si el servidor de Dios es caritativo, el Eterno en justa reciprocidad le protegerá y asegurará su sustento:

y si dieres tu pan al hambriento, y saciares al alma afligida, en las tinieblas resplandecerá tu luz, y tu oscuridad será como el mediodía.
El Eterno te guiará siempre, y en las sequías saciará tu alma, y dará vigor a tus huesos; y serás como huerto de riego, y como manantial de aguas, cuyas aguas nunca faltan.
ISAÍAS 58, 10-11

El Libro de los Proverbios completa la virtud de la caridad con pautas para hacer el bien y apartarse del mal:

No te niegues a hacer el bien a quien es debido, cuando
tuvieres poder para hacerlo.
No digas a tu prójimo: Anda, y vuelve, y mañana te
daré, cuando tienes contigo qué darle.
No intentes mal contra tu prójimo que habita confiado
junto a ti.
No tengas pleito con nadie sin razón, si no te han hecho
agravio.
No envidies al hombre injusto, ni escojas ninguno de
sus caminos.
Porque el Eterno abomina al perverso; mas su
comunión íntima es con los justos.
PROVERBIOS 3, 27-32

De la caridad deriva la actitud más general de la benevolencia, esto es, la bondad con los demás.

8. LA BENEVOLENCIA

El Eterno da por sentada la benevolencia en sus siervos, pero demanda que esta virtud sea llevada hasta sus últimas consecuencias. Por ello exige del justo que haga el bien a sus enemigos.

Para cumplir con este precepto, el siervo de Dios ha de ser benevolente con su adversario y dejar la revancha en manos del Eterno. Así es recompensado mientras que el oponente se granjea el castigo. Lo describe el Libro de los Proverbios:

Si el que te aborrece tuviere hambre, dale de comer
pan, y si tuviere sed, dale de beber agua;
Porque así amontonas ascuas sobre su cabeza, y el
Eterno te dará tu recompensa.
PROVERBIOS 25, 21-22

La Biblia hace una importante revelación en el versículo precedente indicando que la mejor manera de vengarse de un enemigo es ser bueno con él ya que, ello causa indefectiblemente su desgracia.

El texto afirma, nada menos que, el bien que hagamos a nuestro adversario provocará que el mal se abata sobre él. Es esta una afirmación de profundo significado espiritual confirmada invariablemente por la experiencia puesto que, los oponentes que más nos han dañado y a los que solo hemos deseado bien, son siempre los más duramente castigados.

El precepto de desear y hacer el bien a los enemigos incluye la prohibición de ser rencorosos o mezquinos con ellos ya que esa actitud desagrada al Eterno. De hecho, el Libro de los Proverbios advierte que, alegrarnos del infortunio de nuestros adversarios, puede hacer que Dios desista de corregirles:

Cuando cayere tu enemigo, no te regocijes, y cuando
tropezare, no se alegre tu corazón;

No sea que el Eterno lo mire, y le desagrade, y aparte
de sobre él su enojo.
PROVERBIOS 24, 17-18

En fin, en la vida del servidor de Dios, la benevolencia debe llegar hasta el extremo de rogar por los que le maltraten:

Bendecid a los que os maldicen; orad por los que os
calumnian.
LUCAS 6, 28

Asimismo, el devoto ha de dominar sus instintos y tener la disciplina y la fe suficientes como para abandonar la venganza en manos de Dios:

No digas: Yo me vengaré; espera al Señor, y él te
salvará.
PROVERBIOS 20, 22

La anterior es una instrucción solemne puesto que el Eterno advierte en la Torá que la venganza y la retribución son su competencia exclusiva. Ello queda expresado taxativamente en el Libro del Deuteronomio:

MÍA ES LA VENGANZA Y LA RETRIBUCIÓN; a su tiempo el
pie de ellos resbalará, porque el día de su calamidad
está cerca, ya se apresura lo que les está preparado.
DEUTERONOMIO 32, 35

Los preceptos de virtud expuestos más arriba han de ser escrupulosamente respetados. De idéntica manera se ha poner sumo cuidado en no incurrir en las prohibiciones que siguen.

Abrimos el apartado de las prohibiciones con la que completa a la benevolencia, esto es, no devolver mal por bien.

9. NO HACER MAL POR BIEN

Dios abomina a los que devuelven mal por bien. Ello queda claramente indicado en diversos libros de la Biblia, como en el de los Salmos:

Los que pagan mal por bien me son contrarios, por seguir yo lo bueno.
SALMO 38, 20

Y el castigo que Dios reserva a aquel que devuelve mal por bien es atraer el mal a su vida:

Si uno devuelve mal por bien, no se alejará la desdicha de su casa.
PROVERBIOS 17, 13

No hacer mal por bien es el punto de partida en

las prohibiciones o preceptos negativos, aunque el Eterno exige mucho más del ser humano. Dios demanda especialmente, que la conducta de su siervo esté libre de toda abominación porque las iniquidades pudren el corazón y tienen consecuencias colectivas terribles.

10. LAS ABOMINACIONES

Los preceptos negativos que aluden a lo que la Biblia denomina abominaciones conciernen el incesto y un amplio abanico de inmoralidades, casi todas de índole sexual, descritas en el capítulo 18 del Levítico que leeremos a continuación.

En caso de caer en ellas, contaminarán la tierra y acarrearán la mayor de las sanciones para el infractor, la de ser excluido del pueblo de Dios:

Ninguno de vosotros se acercará a una parienta cercana suya para descubrir su desnudez; yo soy el Señor.
No descubrirás la desnudez de tu padre, o la desnudez de tu madre. Es tu madre, no descubrirás su desnudez.
No descubrirás la desnudez de la mujer de tu padre; es la desnudez de tu padre.
La desnudez de tu hermana, sea hija de tu padre o de tu madre, nacida en casa o nacida fuera, su desnudez no

descubrirás.
La desnudez de la hija de tu hijo, o de la hija de tu hija,
su desnudez no descubrirás; porque su desnudez es la
tuya.
La desnudez de la hija de la mujer de tu padre,
engendrada de tu padre, su desnudez no descubrirás; tu
hermana es.
No descubrirás la desnudez de la hermana de tu padre;
parienta de tu padre es.
No descubrirás la desnudez de la hermana de tu madre;
parienta de tu madre es.
No descubrirás la desnudez del hermano de tu padre;
no te acercarás a su mujer, tu tía es.
No descubrirás la desnudez de tu nuera; es mujer de tu
hijo, no descubrirás su desnudez.
No descubrirás la desnudez de la mujer de tu hermano;
es la desnudez de tu hermano.
No descubrirás la desnudez de una mujer y la de su
hija, ni tomarás la hija de su hijo ni la hija de su hija
para descubrir su desnudez; son parientas. Es
aborrecible.
No tomarás mujer juntamente con su hermana, para
que sea rival suya, descubriendo su desnudez mientras
ésta viva.
Y no te acercarás a una mujer para descubrir su
desnudez durante su impureza menstrual.
No te acostarás con la mujer de tu prójimo,
contaminándote con ella.
Tampoco darás hijo tuyo para ofrecerlo a Moloc, ni

profanarás el nombre de tu Dios; yo soy el Señor.
No te acostarás con varón como los que se acuestan
con mujer; es una abominación.
No te ayuntarás con ningún animal, contaminándote
con él, ni mujer alguna se pondrá delante de un animal
para ayuntarse con él; es una perversión.
No os contaminéis con ninguna de estas cosas, porque
por todas estas cosas se han contaminado las naciones
que voy a echar de delante de vosotros.
Porque esta tierra se ha corrompido, por tanto, he
castigado su INIQUIDAD sobre ella, y la tierra ha
vomitado a sus moradores.
Pero en cuanto a vosotros, guardaréis mis estatutos y
mis leyes y no haréis ninguna de estas abominaciones,
ni el nativo ni el forastero que reside entre vosotros
(porque los hombres de esta tierra que fueron antes de
vosotros han hecho todas estas abominaciones, y la
tierra se ha contaminado),
NO SEA QUE LA TIERRA OS VOMITE POR HABERLA
CONTAMINADO, como vomitó a la nación que estuvo
antes de vosotros.
Porque todo el que haga cualquiera de estas
abominaciones, aquellas personas que las hagan, serán
cortadas de entre su pueblo.
Por tanto, guardaréis mi ordenanza, no practicando
ninguna de las costumbres abominables que se
practicaron antes de vosotros, para que no os
contaminéis con ellas; yo soy el Señor vuestro Dios.
LEVÍTICO 18, 6-30

Constataremos que algunas de las abominaciones que recoge el Levítico 18 están protegidas por ley en nuestra sociedad. Sin embargo, el castigo que acarrean de ser extirpado del pueblo de Dios es gravísimo y supone pagar el más alto precio espiritual que es perder el alma. Terrible es asimismo el castigo reservado al endiosado porque la soberbia también es abominación.

11. LA SOBERBIA

Una las desviaciones de la personalidad que Dios condena con más fuerza es la soberbia, el pecado de Lucifer, que el Eterno abomina tanto como para erradicar del pueblo de Dios al que incurra en ella.

Ningún lector de esta obra debe albergar duda alguna de que la soberbia es siempre poderosamente castigada:

Mas la persona que hiciere algo con soberbia, así el natural como el extranjero, ULTRAJA AL ETERNO; esa persona será cortada de en medio de su pueblo.
NÚMEROS 15, 30

Y además de provocar la expulsión del pecador del pueblo de Dios por haber ultrajado a Dios, la soberbia malogra la vida colectiva:

Y quebrantaré la soberbia de vuestro orgullo, y haré
vuestro cielo como hierro, y vuestra tierra como
bronce.
LEVÍTICO 26, 19

Lo que demuestra que el camino que lleva al Eterno solo puede ser recorrido con humildad, como indica el Evangelio de Lucas:

Porque cualquiera que se enaltece, será humillado; y el
que se humilla, será ensalzado.
LUCAS 14, 11

Por tanto, la sanción inmediata contra el orgullo excesivo será la humillación ya que el Eterno no tolera que sus criaturas se comporten como ángeles caídos, aquellos que se perdieron en rebeldía al querer igualar a Dios.

Y, después de ser humillado, el soberbio será expulsado del libro de Dios.

Siguen, en fin, las dos últimas prohibiciones que son relativas al cuerpo y marcan los últimos pasos en los preceptos de nuestro camino hacia el entendimiento espiritual. La primera de ellas es la inviolabilidad del cuerpo.

12. EL TEMPLO DEL ESPÍRITU

El cuerpo es el templo del espíritu y es, por tanto, sagrado. No ha de profanarse, con lo que queda prohibido lesionarse o tatuarse. El precepto está recogido el Libro del Levítico:

Y no haréis rasguños en vuestro cuerpo por un muerto, ni imprimiréis en vosotros señal alguna. Yo el Eterno.
LEVÍTICO 19, 28

Lamentablemente, es esta una moda muy extendida en nuestros tiempos en la que algunos se laceran y muchos más se tatúan con toda clase de signos y de símbolos. Sin embargo, es imposible obviar que la Biblia recoge esta conducta entre las abominaciones.

Procede abordar, por último, un precepto que figura en el Antiguo Testamento. Es el relativo a la prohibición del consumo de sangre.

13. LA SANGRE

El precepto relativo a la sangre es probablemente el más terrenal y también el más perentorio que encontraremos en esta relación.

La Torá prohíbe terminantemente ingerir sangre.

Este mandato puede extrañar a aquellos que desconozcan la significación particular de la sangre en la tradición judía. En ella, el alma se compone de cinco niveles, siendo el primero e inferior Nefesh, en el que se encuentra la sangre. Por ello es abominación absorber el alma de los seres que han dado su vida para servirnos de alimento con lo que, tal conducta queda terminantemente prohibida.

Es interesante reseñar que, en las versiones judías del Antiguo Testamento, la palabra Nefesh se traduce por el término alma, mientras que en las cristianas se ha utilizado el término vida, siendo ambos correctos.

Podemos comprobar lo imperativo de esta prohibición en nada menos que tres libros de los cinco de la Torá, Génesis, Levítico y Deuteronomio:

Pero la carne con su vida (o alma), que es su sangre,
de ello no comeréis.
GÉNESIS 9, 4

Porque la vida (o alma) de toda carne es su sangre;
por tanto, he dicho a los hijos de Israel: No comeréis la
sangre de ninguna carne, porque la vida (o alma) de
toda carne es su sangre; CUALQUIERA QUE LA COMIERE
SERÁ EXTERMINADO.
LEVÍTICO 17, 14

Solamente que te mantengas firme en no comer sangre;

porque la sangre es la vida (o alma), y no comerás la vida (o alma) juntamente con su carne.
DEUTERONOMIO 12, 23

El mandato es claro y el precio que habrá de pagarse en caso de infracción es muy elevado puesto que comer la carne con su sangre conducirá al pecador a ser exterminado, como indica el Levítico.

Por ello, no parece descabellado suponer que, además de proteger nuestra alma de la contaminación con almas foráneas, estos preceptos que asocian la sangre al alma sugieran una reflexión sobre la existencia del alma en los animales.

Ese planteamiento es infrecuente y no ha sido útilmente abordado hasta el momento por los cristianos, a pesar de que toda forma de vida es un modo de evolución hacia la perfección espiritual.

Por su parte, los pueblos más apegados a la naturaleza reconocen la existencia de un alma en los animales hasta tal extremo que, durante los rituales de caza, algunas especies son ingeridas para absorber sus cualidades más que con el propósito de nutrirse.

Desde esta perspectiva, no resulta desatinado pensar que, en todo ser vivo, pueda radicar una forma de alma, aun elemental.

Y si los animales tuvieran alma, ¿sería lícito matarlos para comerlos?

Y si fuese lícito, ya que Dios los puso a disposición del ser humano para su sustento tal como indica el Génesis 1, 29-30 ¿será admisible criarlos y matarlos con sufrimiento?

¿Es que la caridad y la benevolencia no han de extenderse a los animales?

Es esta una espinosa cuestión que merece un tratamiento aparte al estar plenamente justificado por exigencias éticas. Sin embargo, el tema sobrepasa los límites de este ensayo por lo que, habrá de abordarse en otro trabajo.

No obstante, es indispensable que toda persona de bien reflexione sobre las consecuencias espirituales que el maltrato infligido a los animales acarrea a nuestra sociedad. De hecho, los pensadores espirituales más profundos consideran que la crueldad humana hacia los animales puede ser la causa de gran parte del karma que estamos liquidando en esta época de gran tribulación.

Entre los grandes generadores kármicos, como hemos visto, se encuentra asimismo la destrucción de la biosfera que representa otra maldad inexcusable hacia la madre tierra propia de hijos indignos.

Una vez estudiados los preceptos positivos que el Altísimo desea que respetemos, tanto como los negativos que designan las abominaciones y transgresiones a evitar imperativamente, resta encomendarse al Eterno y suplicarle que nos ayude a cumplir su voluntad, tal como hace David en el Salmo 143:

enséñame a cumplir tu voluntad, porque tú eres mi Dios; tu espíritu que es bueno me guíe por una tierra llana.

SALMO 143, 10

"Por una tierra llana", esto es, por un camino sin obstáculos.

Es importante destacar que, según el Apocalipsis, el castigo para todos los que quebrantan los preceptos divinos es *"la segunda muerte"*, esto es la muerte definitiva del alma, su aniquilación:

Pero los cobardes, los incrédulos, los abominables, los asesinos, los impuros, los hechiceros, los idólatras y todos los embusteros tendrán su parte en el lago que arde con fuego y azufre: que es LA MUERTE SEGUNDA.

APOCALIPSIS 21, 8

Así pues, si fuésemos capaces de cumplir la voluntad de Dios y seguir Sus preceptos a la letra, habríamos franqueado el tercer peldaño en la escalera de la evolución que permite aprehender el origen espiritual de los difíciles momentos que vivimos y de los que deberemos afrontar.

QUINTO PELDAÑO:
SER SANTOS

La Biblia repite en varias ocasiones que el Eterno manda al ser humano que sea santo. Nuestra misión es, pues, parecernos al Santo de los Santos porque hemos sido creados a Su imagen y semejanza.

Lo afirma el Libro del Génesis:

Y dijo Dios: Hagamos al hombre a nuestra imagen, conforme a nuestra semejanza; y ejerza dominio sobre los peces del mar, sobre las aves del cielo, sobre los ganados, sobre toda la tierra, y sobre todo reptil que se arrastra sobre la tierra.
GÉNESIS 1, 26

De modo que, la finalidad última y fundamental de la humanidad es emular al Eterno en santidad. Ello queda debidamente expresado en la Torá, en los tres versículos siguientes del Libro del Levítico:

Porque yo soy el Eterno, que os hago subir de la tierra de Egipto para ser vuestro Dios: SERÉIS, PUES, SANTOS, PORQUE YO SOY SANTO.
LEVÍTICO 11, 45

Santificaos, pues, y SED SANTOS, porque yo el Eterno soy vuestro Dios.
LEVÍTICO 20, 7

Habéis, pues, de SERME SANTOS, porque yo el Eterno soy santo, y os he apartado de los pueblos para que seáis míos.
LEVÍTICO 20, 26

Y todo santo se caracteriza por su entrega y abandono a la voluntad de Dios, lo que le hace vivir en una constante epifanía al percibir como sagrada toda la creación. Así construye a su alrededor una protección imbatible contra todos los agentes del mal, como relata el Libro del profeta Jeremías:

Por tanto, así dijo el Eterno: Si te conviertes porque yo te haga volver, estarás en mi presencia; y SI SACAS LO PRECIOSO DE LO VIL, SERÁS COMO MI BOCA. Que ellos se vuelvan a ti, y no tu a ellos.
Yo te pondré para este pueblo por muralla de bronce

inexpugnable; Y PELEARÁN CONTIGO, PERO NO TE
PODRÁN; PUES CONTIGO ESTOY YO PARA GUARDARTE Y
PARA DEFENDERTE, DICE EL ETERNO.
*Y te libraré de la mano de los malos, y te redimiré del
puño de los rabiosos.*
JEREMÍAS 15, 15-21

Todo santo sabe que el camino hacia la
perfección espiritual pasa por encomendarse sin cesar al
Altísimo, que no hay nada bueno fuera del Eterno y, en
última instancia, que el bien destruirá a los agentes del
mal que están llamados a desaparecer.

Lo revela David en el Salmo 37:

*Encomienda al Eterno tu camino, Y confía en él; y él
obrará.*
*Exhibirá tu justicia como la luz, Y tu derecho como el
mediodía.*
*Deja la ira, y desecha el enojo; No te excites en manera
alguna en hacer lo malo.*
*Porque los malignos serán destruidos, Pero los que
esperan en el Eterno, ellos heredarán la tierra.*
PUES DE AQUÍ A POCO NO EXISTIRÁ EL MALO; OBSERVARÁS
SU LUGAR, Y NO ESTARÁ ALLÍ.
SALMO 37, 5-10

Asimismo, los santos se caracterizan por su
perfecto compromiso con la verdad. Ello queda reflejado
en varios libros de la Biblia y también en el Apocalipsis:

y en su boca no se encontró mentira: no tienen tacha.
APOCALIPSIS 14, 5

Inevitablemente, el amor de Dios, que es el bien, lleva a aborrecer el mal. Lo indica el Salmo 97:

Los que aman al Eterno aborrecen el mal.
SALMO 97, 10

Algunas de las claves que da la Biblia sobre la santidad son, pues, aborrecer el mal, observar los preceptos, entregarse a Dios en total confianza y respetar la verdad.

Aunque, ser santo puede parecer inalcanzable ya que es, sin duda, una larga senda hecha de elecciones correctas y también de trabas y retrocesos, nada es imposible con la ayuda de Dios. Al fin y al cabo, la mayoría de los santos ignoran que lo son y solo reciben ese calificativo después de su muerte.

Sin entrar en detalles teológicos, ser santos, ser rectos, ser justos, ser perfectos son nociones próximas. Lo esencial es que, una vez que hayamos interiorizado sin excusas que Dios nos quiere santos, habremos subido el cuarto peldaño en la escalera del conocimiento que deja al descubierto el fondo espiritual de la prueba colectiva que atraviesa la humanidad en tiempos presentes.

SEXTO PELDAÑO: LOS UNGIDOS

Solo el Eterno tiene el poder de ungir, esto es, de infundir la potencia del Espíritu Santo. Los ungidos son los elegidos por el Altísimo para devenir apóstoles, profetas, místicos, mesías y santos y, siempre, están consagrados al Eterno.

Varios libros de la Biblia describen al Espíritu Santo descendiendo sobre los ungidos y, en el acervo popular cristiano, la celebración del Pentecostés designa el momento en que el Espíritu bajó sobre los apóstoles.

Cuando el siervo de Dios recibe el Espíritu Santo que le transforma en ungido, sabe que ha sido designado por el Eterno para servirle. De tamaña misión es imposible zafarse porque nada ni nadie puede oponerse a la voluntad divina. El siguiente versículo de Isaías describe la misión confiada al ungido que es la de restablecer el bien, dispensar consuelo y amor:

El Espíritu del Eterno está sobre mí, porque me ha
ungido el Señor
para traer la buena nueva a los afligidos;
me ha enviado para vendar a los quebrantados de
corazón,
para proclamar libertad a los cautivos y liberación a
los prisioneros;
Isaías 61, 1

El Eterno solo se comunica directamente con sus ungidos, los profetas, que son a su vez, canales de transmisión de los mensajes divinos hacia la humanidad. Lo desvela el Libro del profeta Amós:

En verdad, nada hace el Señor omnipotente sin antes
revelar sus designios a sus siervos los profetas.
Amós 3, 7

Lamentablemente, la mayoría de los mortales es incapaz de escuchar la voz divina debido a su incipiente nivel de evolución espiritual, mientras que, los ungidos gozan de la guía permanente de los Ángeles del Señor que son sus aliados.

El Libro del Éxodo relata este aspecto de la vida del ungido, precisando que las instrucciones recibidas de los Ángeles deben de ser obedecidas y que, así Dios protegerá a su siervo y hará suyas sus causas:

He aquí que yo envío mi ÁNGEL delante de ti para que te guarde en el camino, y te introduzca en el lugar que yo he preparado.
Guárdate delante de él, y oye su voz; no le seas rebelde; porque él no perdonará vuestra rebelión, porque mi Nombre está en él.
Pero si en verdad oyeres su voz e hicieres todo lo que yo te dijere, SERÉ ENEMIGO DE TUS ENEMIGOS, Y AFLIGIRÉ A LOS QUE TE AFLIJAN.
ÉXODO 23, 20-22

Lograr el nivel de pureza espiritual del ungido es la meta final del siervo de Dios que consiste en liberarse de la materia y alcanzar la santidad. Sin embargo, conviene precisar que la vida del ungido no es un camino de rosas. Está hecha de pruebas, de sacrificio y de don de sí, aunque Dios esté siempre a su lado para sostenerle. Así, el Eterno se alía con sus ungidos, les protege y exige de que no se les dañe.

Dos libros de la Biblia, el Libro Primero de las Crónicas y el de los Salmos, recogen con textos idénticos la orden divina de no dañar a los ungidos:

No toquéis, dijo, a mis ungidos, Ni hagáis mal a mis profetas.
I CRÓNICAS 16, 22
SALMO 105, 15

Hemos visto que los profetas son los encargados

de canalizar los mensajes divinos. La misión que el Eterno les ha confiado no admite compromisos puesto que deben transmitir con total exactitud los avisos que reciben a una humanidad recelosa y a menudo hostil, sin poder cambiar ni edulcorar nada porque, de lo contrario, el rigor de Dios recaería sobre ellos.

Las comunicaciones de las que son depositarios no suelen ser agradables, de hecho, la mayor parte de lo que han de anunciar es negativo. A pesar de lo cual, deberán notificarlo por infausto que resulte. La finalidad de la alerta es que, los destinatarios, se conviertan y se salven. Cuando los profetas son portadores de mensajes positivos, estos tienden a confirmar grandes destinos.

En fin, durante toda su vida, el profeta hará frente a múltiples adversarios con los que tendrá que luchar denodadamente, pero de los que saldrá vencedor puesto que *"la piedad contra todo prevalece"*, como relata el Libro de La Sabiduría:

le preservó de sus enemigos y le protegió de los que le tendían asechanzas, y le concedió la palma en un duro combate para enseñarle que LA PIEDAD CONTRA TODO PREVALECE.
SABIDURÍA 10, 12

Dios demanda que su ungido sea resistente ante la prueba sustentándose en la certeza de contar con el apoyo divino. Lo describe asimismo el Libro de los Números:

*No desmayes delante de ellos, porque el Señor tu Dios
está en medio de ti, Dios grande y temible.*
NÚMEROS 7, 21

Los enemigos a los que el texto bíblico se refiere
lo son tanto en sentido real como simbólico. Son los que
se oponen a la realización de la misión del ungido y
actúan, por ello, contra la voluntad de Dios. Por ello, el
Eterno se erige en defensor de su siervo para vencerles:

*El Eterno derrotará a tus enemigos que se levantaren
contra ti; por un camino saldrán contra ti, y por siete
caminos huirán de delante de ti.*
DEUTERONOMIO 28, 7

El texto bíblico confirma en repetidas ocasiones
que los ungidos cuentan con la protección divina frente
a sus adversarios. Tan a menudo se repite esta garantía
que acaba dando cumplida idea de los muchos obstáculos
que los emisarios de Dios habrán de superar a lo largo de
su existencia. A este respecto, conviene referirse a la
enseñanza impartida por Moisés en el Libro del
Deuteronomio:

*Sed fuertes y valerosos; no temáis, ni tengáis miedo de
ellos, porque el Señor tu Dios es el que va contigo; no
te dejará, ni te desamparará.
Y llamó Moisés a Josué, y le dijo en presencia de todo
Israel: Se fuerte y anímate; porque tú entrarás con este*

pueblo a la tierra que juró el Eterno a sus padres que les daría, y tú se la harás heredar.
Y EL SEÑOR VA DELANTE DE TI; ÉL ESTARÁ CONTIGO, NO TE DEJARÁ, NI TE ABANDONARÁ; NO TEMAS NI TE ASUSTES.
DEUTERONOMIO 31, 6-8

Por su parte, el Libro de Josué reitera el compromiso del Altísimo con su ungido y le pide que sea valiente y muy firme para realizar su misión:

Nadie te podrá hacer frente en todos los días de tu vida; como estuve con Moisés, estaré contigo; no te dejaré, ni te desampararé.
Sé valiente y firme; porque tú repartirás a este pueblo por heredad la tierra de la cual juré a sus padres que daría a ellos.
Se pues valiente y muy firme, teniendo cuidado de hacer conforme a toda la ley que mi siervo Moisés te mandó; no te apartes de ella ni a diestra ni a siniestra, para que tengas éxito dondequiera que vayas.
Nunca se apartará de tu boca este libro de la ley, sino que de día y de noche meditarás en él, para que guardes y obres conforme a todo lo que en él está escrito; porque entonces harás prosperar tu camino, y todo te saldrá bien.
MIRA QUE TE MANDO QUE SEAS VALIENTE Y FIRME; NO TENGAS MIEDO NI TE ACOBARDES, PORQUE EL SEÑOR TU DIOS ESTARÁ CONTIGO DONDEQUIERA QUE VAYAS.
JOSUÉ 1, 5-9

La protección que el Eterno otorga a su ungido llega hasta garantizar su invulnerabilidad, como explica el profeta Isaías:

Cuando pases por las aguas, yo estaré contigo; y si por los ríos, no te anegarán. Cuando pases por el fuego, no te quemarás, ni la llama arderá en ti.
ISAÍAS 43, 2

En esa misma línea, el profeta Jeremías afirma que Dios lucha por su ungido como *"un campeón poderoso":*

Pero el Señor está conmigo como campeón poderoso; por tanto, los que me persiguen tropezarán, y no prevalecerán; serán avergonzados en gran manera, porque no prosperarán; tendrán perpetua confusión que jamás será olvidada.
JEREMÍAS 20,11

En fin, el siguiente versículo del Libro de Isaías hace referencia a los mesías que son los mayores entre los ungidos y aquellos que influyen en el devenir de sus sociedades e incluso del mundo:

Te voy a poner por luz de las gentes, para que mi salvación alcance hasta los confines de la tierra.
ISAÍAS 49, 6

Hemos visto que los ungidos portan consigo el Espíritu Santo. Su presencia es un bálsamo de paz para los que les rodean porque están llenos de Luz. Así, son capaces de bendecir a través de la potencia de su halo y de su presencia espiritual. Brindan la oportunidad de aprender de su ejemplo y su existencia es inestimable para sus semejantes. No es fácil localizar a esos tesoros espirituales, pero existen. Aunque tal vez sea mejor no poder identificarles porque, vista la descomposición de nuestro mundo, es probable que fueran perseguidos.

Tengamos, sin embargo, presente, como vimos en el Génesis, 18, que hubieran bastado 10 justos para salvar a Sodoma.

Aunque pueda parecer inalcanzable, el destino de cada ser humano es llevar en sí la inspiración del Espíritu Santo para elevar la consciencia colectiva y permitir el salto evolutivo que salvará a la humanidad y al planeta. Es lo que se llama ser santo, perfecto o ungido.

Y si, desde nuestro propio nivel de evolución, hubiésemos entendido la naturaleza del vínculo que une al ungido con el Eterno, fuente de toda gracia y de esperanza, habríamos ampliado nuestra inteligencia espiritual y subido el quinto peldaño de la escalera que conduce a la revelación de las razones profundas de nuestros sufrimientos presentes y futuros.

SÉPTIMO PELDAÑO:
LO QUE VIENE

A tenor de lo revelado por la Biblia, si el aviso espiritual que representa la peste y las tribulaciones que la acompañan no fuese seguido de la necesaria rectificación por parte de la humanidad, podría sobrevenir una aniquilación general.

Felizmente, siempre existe la posibilidad de enmienda ya que, esos cambios tan drásticos acontecen en plazos muy largos, pero, sin mediar expiación, terminan por suceder.

De modo que, la situación que atravesamos es una señal divina para que el ser humano cambie, interior y exteriormente, eleve su consciencia, entienda el daño que le está haciendo a los animales, a la naturaleza y al planeta y, además, el que se está haciendo a sí mismo. Y, sobre todo, que se corrija.

Para salvarnos, la principal medida es retornar al Eterno de quien tan profundamente nos hemos apartado, como vimos por el versículo de Isaías 31, 6 transcrito en el primer capítulo sobre la retribución. De lo contrario, los agentes del mal, los hijos de la oscuridad y de la serpiente que ahora se ensañan con la humanidad, continuarán campando a sus anchas, seguirán decimando a la población y podrán llegar a ponerla en grave peligro si Dios no lo impide en el último minuto.

El Apocalipsis, el libro que cierra la Biblia, es el que describe el final de los tiempos. Apocalipsis significa revelación y la perspectiva que dibuja es escalofriante, lo que comprobaremos acto seguido. Sin embargo, a pesar de la catástrofe mundial que anuncia, el Apocalipsis narra como los Ángeles frenan el inicio de la destrucción general hasta que sean marcados los siervos del Eterno, porque aquellos que porten Su sello saldrán indemnes:

No causéis daño ni a la tierra ni al mar ni a los árboles, hasta que marquemos con EL SELLO LA FRENTE DE LOS SIERVOS DE NUESTRO DIOS.
Y oí el número de los marcados con el sello: 144.000 sellados.
APOCALIPSIS 7, 3-4

El número 144 es sagrado y se entiende en su significado simbólico de nuevos comienzos. Resulta de multiplicar 12 x 12, siendo el 12 el número de Dios.

El capítulo 9 del Apocalipsis reitera la garantía de salvación para los sellados por el Eterno:

Se les dijo que no causaran daño a la hierba de la tierra, ni a nada verde, ni a ningún árbol; sólo a los hombres que no llevaran en la frente EL SELLO DE DIOS.
APOCALIPSIS 9, 4

Más adelante en el mismo capítulo 9, el Apocalipsis anuncia la destrucción de una tercera parte de la humanidad:

Y fueron soltados los cuatro Ángeles que estaban preparados para la hora, el día, el mes y el año, para MATAR A LA TERCERA PARTE DE LOS HOMBRES.
APOCALIPSIS 9, 15

Y después, en el mismo capítulo 9, precisa que la muerte del tercio de la humanidad será causada *"por pestes"* y relata cómo, a pesar de ello, los que quedaron vivos *"no dejaron de adorar a los demonios"* y tampoco *"se convirtieron de sus asesinatos ni de sus hechicerías ni de sus fornicaciones ni de sus rapiñas.":*

Y fue exterminada la tercera parte de los hombres por estas tres PESTES: por el fuego, el humo y el azufre que salían de sus bocas.
Porque el poder de los caballos está en su boca y en sus colas; pues sus colas, semejantes a serpientes,

tienen cabezas y con ellas causan daño.
Pero los demás hombres, LOS NO EXTERMINADOS POR
ESTAS PESTES, no se convirtieron de las obras de sus
manos; NO DEJARON DE ADORAR A LOS DEMONIOS y a los
ídolos de oro, de plata, de bronce, de piedra y de
madera, que no pueden ver ni oír ni caminar.
NO SE CONVIRTIERON DE SUS ASESINATOS NI DE SUS
HECHICERÍAS NI DE SUS FORNICACIONES NI DE SUS
RAPIÑAS.
APOCALIPSIS 9, 18-21

Constatamos que, tras la hecatombe, no hay arrepentimiento ni rectificación. ¿Tenemos que suponer que esa será la reacción de la humanidad después de la peste, de sus secuelas y de las tribulaciones que la acompañen? Si así fuera, no habríamos aprendido nada.

Luego anuncia el Apocalipsis que la cólera del Eterno estalla, que llega el tiempo de que los muertos sean juzgados, que los siervos de Dios reciban su recompensa y de *"destruir a los que destruyen la tierra"*. No pasemos por alto esta última advertencia que resulta de especial importancia frente a una humanidad entusiastamente biocida como la nuestra:

Las naciones se habían encolerizado; pero HA LLEGADO
TU CÓLERA Y EL TIEMPO DE QUE LOS MUERTOS SEAN
JUZGADOS, el tiempo de dar la RECOMPENSA a tus
siervos los profetas, a los santos y a los que temen tu
nombre, pequeños y grandes, y DE DESTRUIR A LOS QUE

DESTRUYEN LA TIERRA.
APOCALIPSIS 11, 18

Pero, ya que no se produce ni conversión ni expiación, la espiral descendente continúa hasta que, según el Apocalipsis 12, sobreviene el gran combate en el que asistimos a una lucha titánica entre el bien y el mal.

Este episodio es relatado en forma de alegoría y en él intervienen grandes figuras que también pueden representar a colectivos, conjuntos o sistemas:

- el gran Dragón rojo asimilado con Satanás,
- la Bestia, que en verdad son dos, puesto que una surge del mar y otra surge de la tierra, y que designan respectivamente al Anticristo y al falso profeta. Como desvela el libro, el falso profeta es un hombre que sirve a la primera Bestia o Anticristo.
- la mujer embarazada con una corona de doce estrellas sobre la cabeza a la que persigue el Dragón para dar muerte a su hijo, el Mesías.
- en fin, el gran Arcángel Miguel que tercia como salvador.

Si utilizásemos este texto como un patrón para lo que acontece en la actualidad, libre al lector de adivinar a qué o a quién podría corresponder cada personaje. Inmersos en tiempos bíblicos como estamos y rodeados por una actualidad tan rica en signos precursores, no parece demasiado complicado descifrar el capítulo con el fin de identificar a sus protagonistas.

Pero, siguiendo con el relato de la guerra que hace el Apocalipsis, conviene subrayar que esta se salda gracias a la intervención decisiva del Arcángel Miguel y de sus Ángeles que luchan contra el Dragón y sus ángeles que son, en puridad, una inmensa multitud lo que revelan sus numerosos atributos en forma de cabezas, cuernos y diademas.

Este episodio tan extraordinariamente épico queda reflejado en el capítulo 12 del Apocalipsis. En él, Satanás aparece como el gran engañador, como el señor de la mentira:

> *Y una gran señal apareció en el cielo: una MUJER vestida del sol, con la luna debajo de sus pies, y una corona de doce estrellas sobre su cabeza; estaba encinta, y gritaba, estando de parto y con dolores de alumbramiento.*
>
> *Entonces apareció otra señal en el cielo: he aquí, un GRAN DRAGÓN ROJO que tenía siete cabezas y diez cuernos, y sobre sus cabezas había siete diademas. Su cola arrastró la tercera parte de las estrellas del cielo y las arrojó sobre la tierra. Y el dragón se paró delante de la mujer que estaba para dar a luz, a fin de devorar a su hijo cuando ella diera a luz.*
>
> *Y ella dio a luz UN HIJO VARÓN, que ha de regir a todas las naciones con vara de hierro; y su hijo fue arrebatado hasta Dios y hasta su trono.*

Y la mujer huyó al desierto, donde tenía un lugar preparado por Dios, para ser sustentada allí, por mil doscientos sesenta días.
Entonces hubo guerra en el cielo: MIGUEL y sus ángeles combatieron contra el dragón. Y el dragón y sus ángeles lucharon,
pero no pudieron vencer, ni se halló ya lugar para ellos en el cielo. Y fue arrojado EL GRAN DRAGÓN, LA SERPIENTE ANTIGUA QUE SE LLAMA EL DIABLO Y SATANÁS, EL CUAL ENGAÑA AL MUNDO ENTERO; fue arrojado a la tierra y sus ángeles fueron arrojados con él.
APOCALIPSIS 12, 1-8

Detengámonos un instante en el personaje conocido genéricamente como la Bestia. La encontramos reseñada en el capítulo 13 del Apocalipsis que, como hemos indicado más arriba, describe sucesivamente a dos Bestias. La primera, el Anticristo, sale del mar, tal como explica el primer versículo:

Me paré sobre la arena del mar, y VI SUBIR DEL MAR UNA BESTIA que tenía siete cabezas y diez cuernos; y en sus cuernos diez diademas; y sobre sus cabezas, un nombre blasfemo.
APOCALIPSIS 13, 1

Algo más adelante, el mismo capítulo detalla los poderes de la Bestia, cómo recibe la capacidad de actuar durante 42 meses, luchar y vencer a los santos y dominar sobre toda la tierra:

*Y adoraron al Dragón que había dado el poderío a la
Bestia, y se postraron ante la Bestia diciendo: «¿Quién
como la Bestia? ¿Y quién puede luchar contra ella?»
Le fue dada una boca que profería grandezas y
blasfemias, y se le dio poder de actuar durante 42
meses;
y ella abrió su boca para blasfemar contra Dios: para
blasfemar de su nombre y de su morada y de los que
moran en el cielo.
SE LE CONCEDIÓ HACER LA GUERRA A LOS SANTOS Y
VENCERLOS; SE LE CONCEDIÓ PODERÍO SOBRE TODA RAZA,
PUEBLO, LENGUA Y NACIÓN.
Y la adorarán todos los habitantes de la tierra cuyo
nombre no está inscrito, desde la creación del mundo,
en el libro de la vida del Cordero que fue inmolado
desde el principio del mundo.
El que tenga oídos, oiga.
El que a la cárcel, a la cárcel ha de ir; el que ha de
morir a espada, a espada ha de morir. AQUÍ SE
REQUIERE LA PACIENCIA Y LA FE DE LOS SANTOS.
APOCALIPSIS 13, 4-10*

En el mismo capítulo, el Apocalipsis representa
seguidamente a la segunda Bestia que surge de la tierra.
Esta Bestia es idólatra y sirve a la primera. Se trata del
falso profeta que hace que todos se marquen con la cifra
de su nombre, el 666, en la mano derecha o en la frente

y que nadie pueda comprar o vender sin ella. El texto revela asimismo que la segunda Bestia es un hombre:

Vi luego OTRA BESTIA QUE SURGÍA DE LA TIERRA y tenía dos cuernos como de cordero, pero hablaba como una serpiente.
EJERCE TODO EL PODER DE LA PRIMERA BESTIA EN SERVICIO DE ÉSTA, haciendo que la tierra y sus habitantes adoren a la primera Bestia, cuya herida mortal había sido curada.
Realiza grandes señales, hasta hacer bajar ante la gente fuego del cielo a la tierra;
y seduce a los habitantes de la tierra con las señales que le ha sido concedido obrar al servicio de la Bestia, diciendo a los habitantes de la tierra que hagan una imagen en honor de la Bestia que, teniendo la herida de la espada, revivió.
Se le concedió infundir el aliento a la imagen de la Bestia, de suerte que pudiera incluso hablar la imagen de la Bestia y HACER QUE FUERAN EXTERMINADOS CUANTOS NO ADORARAN LA IMAGEN DE LA BESTIA.
Y HACE QUE TODOS, PEQUEÑOS Y GRANDES, RICOS Y POBRES, LIBRES Y ESCLAVOS, SE HAGAN UNA MARCA EN LA MANO DERECHA O EN LA FRENTE,
Y QUE NADIE PUEDA COMPRAR NADA NI VENDER, SINO EL QUE LLEVE LA MARCA CON EL NOMBRE DE LA BESTIA O CON LA CIFRA DE SU NOMBRE.
¡AQUÍ ESTÁ LA SABIDURÍA! QUE EL INTELIGENTE CALCULE LA CIFRA DE LA BESTIA; PUES ES LA CIFRA DE UN HOMBRE.

SU CIFRA ES 666.
APOCALIPSIS 13, 11-18

Al leer este párrafo, viene a la mente el conocido proyecto de implantar un chip a cada ser humano. Dicho plan está muy avanzado en los países del norte de Europa, pero recemos para que no llegue a realizarse por lo que tiene de señal funestamente precursora.

El capítulo 14 del Apocalipsis advierte de las terribles consecuencias espirituales de adorar a la Bestia y de aceptar su marca. A aquel que la acepte le acarreará el tormento, el furor y la cólera de Dios sin que se pueda alcanzar jamás el reposo:

Un tercer Ángel les siguió, diciendo con fuerte voz: «Si alguno adora a la Bestia y a su imagen, y acepta la marca en su frente o en su mano, tendrá que beber también del vino del furor de Dios, que está preparado, puro, en la copa de su cólera. Será atormentado con fuego y azufre, delante de los santos Ángeles y delante del Cordero. Y la humareda de su tormento se eleva por los siglos de los siglos; NO HAY REPOSO, NI DE DÍA NI DE NOCHE, PARA LOS QUE ADORAN A LA BESTIA Y A SU IMAGEN, NI PARA EL QUE ACEPTA LA MARCA DE SU NOMBRE.»
APOCALIPSIS 14, 9-11

Si tuviésemos que comparar la guerra sin cuartel que narra el Apocalipsis con la presente etapa de dolor y sometimiento que vive la humanidad, el panorama sería inquietante porque nos conduciría a sospechar que quizá la pandemia sea solo el principio y que puede, solo puede, que lo que queda por venir sea mucho peor.

Indudablemente, lo que hemos experimentado hasta ahora es terrible, pero desde el punto de vista espiritual, los tiempos de profundos cambios que atravesamos son un privilegio para nuestra evolución. Ningún creyente ignora que superar semejantes pruebas ayuda a crecer espiritualmente.

Sea como fuere, en cualquier época todo sufrimiento llega a su término. Es el caso de la aniquilación anunciada por el Apocalipsis que se salda en el capítulo 19 con la Bestia, esto es el Anticristo, y el falso profeta vencidos y arrojados al infierno:

Pero la Bestia fue capturada, y con ella el falso profeta
– el que había realizado al servicio de la Bestia las
señales con que seducía a los que habían aceptado la
marca de la Bestia y a los que adoraban su imagen –
los dos fueron arrojados vivos al lago del fuego que
arde con azufre.
APOCALIPSIS 19, 20

Sin embargo, sigue diciendo el Apocalipsis, 20 que, en un futuro lejano, esa calma será interrumpida ya que, al cabo de mil años, Satanás será liberado de su prisión y llevará a la humanidad a la batalla final, en la que, muy felizmente, será vencido de nuevo y arrojado al infierno con la primera Bestia, o Anticristo, y con el falso profeta:

Cuando los mil años se cumplan, Satanás será soltado de su prisión,
y saldrá a ENGAÑAR A LAS NACIONES que están en los cuatro extremos de la tierra, a Gog y a Magog, a fin de reunirlas para la batalla; EL NÚMERO DE ELLAS ES COMO LA ARENA DEL MAR.
Y subieron sobre la anchura de la tierra, rodearon el campamento de los santos y la ciudad amada. Pero descendió fuego del cielo y los devoró.
Y el DIABLO que los engañaba fue arrojado al lago de fuego y azufre, donde también están la BESTIA y el FALSO PROFETA; y serán atormentados día y noche por los siglos de los siglos.
APOCALIPSIS 20, 7-10

Al fin, narra el Apocalipsis que después de una guerra cruenta que implicará a un *"número de naciones como la arena del mar"*, lo que parece indicar una guerra mundial, la tierra será liberada del mal.

Y una vez más, conviene recordar que los tiempos bíblicos no son literales ni son los tiempos humanos.

Al relato de la guerra, sigue el momento de la destrucción final que relata posteriormente el capítulo 20. Es el juicio final en el que los muertos son juzgados según sus obras.

Esos versículos mencionan inevitablemente la segunda muerte que consiste en ser arrojado al *"lago de fuego"*. En él acaban todos aquellos cuyo nombre no está inscrito en el libro de la vida, esto es, los que han perdido su alma:

Luego vi un gran trono blanco y al que estaba sentado en él, de cuya presencia huyeron la tierra y el cielo, y no se halló lugar para ellos.
Y vi a los muertos, grandes y pequeños, de pie delante del trono,
y los libros fueron abiertos; y otro libro fue abierto, que es el libro de la vida, y LOS MUERTOS FUERON JUZGADOS POR LO QUE ESTABA ESCRITO EN LOS LIBROS, SEGÚN SUS OBRAS.
Y el mar entregó los muertos que estaban en él, y la Muerte y el Hades entregaron a los muertos que estaban en ellos; Y FUERON JUZGADOS, CADA UNO SEGÚN SUS OBRAS.
Y la Muerte y el Hades fueron arrojados al lago de fuego. ESTA ES LA MUERTE SEGUNDA: EL LAGO DE FUEGO.
Y EL QUE NO SE ENCONTRABA INSCRITO EN EL LIBRO DE LA VIDA FUE ARROJADO AL LAGO DE FUEGO.
APOCALIPSIS 20, 11-15

En fin, el relato queda clausurado en el capítulo 22 con una nota de esperanza que garantiza la retribución según los méritos acumulados:

Que el injusto siga cometiendo injusticias y el manchado siga manchándose; que el justo siga practicando la justicia y el santo siga santificándose. Mira, vengo pronto y TRAIGO MI RECOMPENSA CONMIGO PARA PAGAR A CADA UNO SEGÚN SU TRABAJO.
APOCALIPSIS 22, 11-12

Espiritualmente, no se puede aspirar a nada más excelso que la justicia divina.

Esta es la enseñanza del séptimo peldaño.

OCTAVO PELDAÑO:
LA ORACIÓN

¿Cuál sería el margen de acción del creyente si, después de la pandemia, nos esperase un desastre aún mayor?

Dos son los principales recursos espirituales a disposición de cada uno para resguardarnos de la adversidad colectiva y no ver interrumpida nuestra evolución: La oración y la inspiración del Espíritu Santo.

Resulta imposible enfatizar lo suficiente la importancia de la oración. Es nada menos que el medio apropiado para conectar con el Eterno, elevar la frecuencia vibratoria y obtener la guía solicitada para tomar decisiones. Sin embargo, la potencia del rezo está ampliamente subestimada incluso si la Biblia revela que la oración es creadora y que, por tanto, manifiesta.

La oración se fundamenta en la fe, siendo esta la

piedra fundacional del desarrollo espiritual.

A continuación, iremos desmenuzando las pistas que nos dan tanto el Antiguo Testamento como el Nuevo Testamento sobre ese herramienta espiritual de primer orden que es la plegaria.

LA ORACIÓN EN EL ANTIGUO TESTAMENTO

En la tradición judía, el Libro de Job está considerado como el más antiguo de los veinticuatro que componen el Tanaj o Antiguo Testamento. Se dice que fue escrito por Moisés cuando aún se encontraba en Egipto y, por tanto, antes de recibir al dictado del Eterno los cinco libros de la Torá: Génesis, Éxodo, Levítico, Números y Deuteronomio.

El Libro de Job da numerosas pautas sobre la oración. Afirma que es la forma de ruego que llega a Dios y que los votos hechos al Señor se han de cumplir:

Orarás al Eterno, y Él te escuchará; y tú cumplirás tus votos.
JOB 22, 27

El Libro de Job desvela asimismo el que probablemente sea el mayor secreto sobre la oración:

> *Y el Eterno restauró el bienestar de Job cuando este*
> *ORÓ POR SUS AMIGOS; y el Eterno aumentó al doble todo*
> *lo que Job había poseído.*
> *JOB 42, 10*

Este versículo contiene una profunda enseñanza espiritual al revelar que el método para enderezar nuestra vida y obtener lo que pedimos, es rezar por los demás.

La clave es ejercitar el amor al prójimo y poner el interés propio detrás del ajeno. Ello hará que el orante sea recompensado y, además, la Luz divina que transita por su cuerpo durante la plegaria le curará antes que a aquel por quien reza.

Por su parte, tanto el Libro del profeta Jeremías como el Salmo 145 desvelan que Dios escucha la oración que parte de lo más profundo del corazón y se dirige a Él con espíritu de verdad:

> *Me invocaréis, y vendréis a rogarme, y yo os*
> *escucharé.*
> *Me buscaréis y me encontraréis, cuando me busquéis*
> *de todo corazón.*
> *JEREMÍAS 29, 12-13*

> *El Eterno está cerca de todos los que le invocan, de*
> *todos los que le invocan en verdad.*
> *SALMO 145, 18*

Además, el profeta Jeremías vincula la oración

con el conocimiento más excelso, llegando a afirmar que la plegaria es la llave que abre las revelaciones divinas:

Clama a mí, y yo te responderé y te revelaré cosas grandes e inaccesibles, que tú no conoces.
JEREMÍAS 33, 3

Por su parte, el Libro Primero de Esdras destaca las virtudes del ayuno antes del momento de la oración para que esta llegue al Altísimo:

Ayunamos, pues, y pedimos a nuestro Dios acerca de esto, y Él escuchó nuestra súplica.
ESDRAS 8, 23

El Salmo 5 completa las recomendaciones para que el Eterno escuche las plegarias. El primer consejo es rezar de mañana y, el segundo, ser paciente en la espera:

Oh, Señor, de mañana oirás mi voz; de mañana presentaré mi oración a ti, y esperaré.
SALMO 5, 3

Por su parte, el Libro de Jonás añade que la extrema necesidad hace que la oración llegue al Eterno:

En mi angustia clamé al Señor y Él me oyó, Del vientre del infierno clamé y Él me respondió.
JONÁS 2, 2

Siguen una serie de versículos de los Salmos 50, 107, 118 y 91 en los que se confirma que la escucha del Eterno siempre se produce cuando la oración se formula en un momento de angustia.

Además, el Salmo 50 añade la importancia de cumplir los votos y alabar al Señor:

Alaba a Dios en acción de gracias,
Y paga tus votos al Altísimo;
E invócame en el día de la ANGUSTIA;
Te libraré, y tú me honrarás.
SALMO 50, 14-15

En su ANGUSTIA clamaron al Eterno y él los libró de sus aflicciones;
SALMO 107, 13

El Salmo 118 garantiza la invulnerabilidad del siervo frente a sus adversarios porque con él está el Señor:

En mi ANGUSTIA invoqué al Eterno y Él me respondió y me dio respiro.
El Eterno está conmigo; no temeré lo que me pueda hacer el hombre.
El Eterno está conmigo entre los que me ayudan; por tanto, yo triunfaré sobre los que me aborrecen.
SALMO 118, 5-7

En fin, el excelso Salmo 91 promete la respuesta del Altísimo, Su apoyo en tiempo de desgracia, la liberación y la gloria, así como la salvación tras una larga vida. Algunos exégetas piensan que este es el Salmo más providencialista de todos:

> *Me llamará y le responderé; estaré a su lado en la*
> *desgracia, le libraré y le glorificaré.*
> *Hartura le daré de largos días y haré que vea mi*
> *salvación*
> SALMO 91, 15-16

Ciertamente, el estado de angustia representa un momento de extrema necesidad y hace que los ruegos se eleven al Eterno con una concentración perfecta. En esas condiciones, la oración es como una flecha que parte hacia Dios atravesando todos los obstáculos.

En cuanto al Salmo 143, expresa la esperanza del orante de ser escuchado por el Eterno sin ser objeto de la severidad divina:

> *Señor, escucha mi oración, presta oído a mis súplicas,*
> *por tu fidelidad respóndeme, por tu justicia;*
> *y no entres en juicio con tu siervo, porque no es justo*
> *ante ti ningún viviente.*
> SALMO 143, 1-2

En fin, en el Salmo 17, el orante enarbola su sinceridad para reclamar la atención del Eterno:

Oye, oh Señor, una causa justa; atiende a mi clamor; presta oído a mi oración, que no es de labios engañosos.
SALMO 17, 1

Por su parte, el Libro de los Proverbios afirma que Dios escucha la oración de los justos e ignora la de los impíos:

Lejos está el Señor de los impíos, pero escucha la oración de los justos.
PROVERBIOS 15, 29

En el Libro Primero de los Reyes, Dios mismo afirma estar atento a la oración y a la súplica:

Y el Eterno le dijo: HE OÍDO TU ORACIÓN Y LA SÚPLICA QUE HAS HECHO DELANTE DE MÍ. . .
I REYES 9, 3

LA ORACIÓN EN EL NUEVO TESTAMENTO

Los Evangelios dan una visión luminosa de la oración basada muy principalmente en la fe y en la riqueza de la vida interior.

El Evangelio de Mateo propugna la sinceridad en

el ruego y también el secreto:

Y cuando oréis, no seáis como los hipócritas; porque a ellos les gusta ponerse en pie y orar en las sinagogas y en las esquinas de las calles, para ser vistos por los hombres. En verdad os digo que ya han recibido su recompensa.

Pero tú, cuando ores, entra en tu aposento, y cuando hayas cerrado la puerta, ora a tu Padre que está en secreto, y tu Padre, que ve en lo secreto, te recompensará.

Y al orar, no uséis repeticiones sin sentido, como los gentiles, porque ellos se imaginan que serán oídos por su palabrería.

Por tanto, no os hagáis semejantes a ellos; porque vuestro Padre sabe lo que necesitáis antes que vosotros le pidáis.
MATEO 6, 5-8

Mateo afirma asimismo que el poder de manifestación de la plegaria se activa mediante la fe:

Y todo lo que pidáis en oración, creyendo, lo recibiréis.
MATEO 21, 22

Mateo presenta también la oración como un refugio frente a la tentación de toda índole que es inherente a la materia:

Velad y orad para que no entréis en tentación;
el espíritu está dispuesto, pero la carne es débil.
MATEO 26, 41

El Evangelio de Marcos, como el de Mateo, insiste en el poder de manifestación de la plegaria que se activa mediante una fe sin fisuras. Para ello, hay que creer firmemente que lo solicitado ya ha sido concedido:

Y Jesús respondió, diciéndoles: Tened fe en Dios.
En verdad os digo que cualquiera que diga a este
monte: «Quítate y arrójate al mar», y no dude en su
corazón, sino crea que lo que dice va a suceder, le será
concedido.
Por eso os digo que TODAS LAS COSAS POR LAS QUE ORÉIS
Y PIDÁIS, CREED QUE YA LAS HABÉIS RECIBIDO, Y OS SERÁN
CONCEDIDAS.
MARCOS 11, 22-24

En fin, en el Evangelio de Lucas, Jesús mismo garantiza al devoto que su oración obtendrá la respuesta esperada:

Y yo os digo: Pedid, y se os dará; buscad, y hallaréis;
llamad, y se os abrirá.
LUCAS 11, 9

Es imposible concluir este apartado sobre la oración en el Nuevo Testamento sin recordar la bella comparación establecida en el Libro del Apocalipsis entre la oración de los santos y *"las copas de oro llenas de perfumes"*:

Tenía cada uno una cítara y copas de oro llenas de perfumes, que son las oraciones de los santos.
APOCALIPSIS 5, 8

El símil que utiliza el Apocalipsis no podría ser más acertado, oro y perfumes son el efecto que produce en el mundo sutil la conversación con el Señor.

Todo lo que precede, muestra que la oración es el método más eficaz para conectar con el Altísimo, ser escuchados y que nuestros ruegos se cumplan. Por tanto, rezar ha de ser una actividad espiritual cotidiana y singularmente prioritaria en tiempos adversos.

Si hubiésemos entendido esta enseñanza e integrado la oración en nuestras vidas, habremos subido el octavo peldaño en la escalera que alcanza el entendimiento espiritual profundo de los infortunios que enfrentamos.

NOVENO PELDAÑO: EL ESPÍRITU SANTO

El orante consagrado y entregado a Dios que observa sus preceptos mediante una vida de virtud puede aspirar a ser bendecido con la gracia del Espíritu Santo.

Llegado a ese nivel de perfección, habrá franqueado todas las etapas de evolución espiritual que le fueron asignadas en la tierra y se habrá convertido en un ungido, un justo, un profeta o un santo. Entonces verá con claridad el transcurrir de los tiempos y nada de lo que pueda acontecer alcanzará a estremecerle porque entenderá, en lo más profundo de su ser, que todo emana de la voluntad de Dios y que todo obedece al plan divino que es por naturaleza perfecto.

A partir de ahí, estará listo para desencarnar y volver a la divinidad sabiendo que la muerte no existe y que no es más que una forma distinta de consciencia.

Durante lo que le quede de vida, su sentimiento predominante se asemejará al expresado por Santa Teresa de Jesús en sus célebres poemas: *"Vivo sin vivir en mí y tan alta vida espero que muero porque no muero"* y también *"Quién a Dios tiene, nada le falta. Sólo Dios basta"*.

Por fortuna, esos místicos perfectos, canales de Dios sobre la tierra, suelen permanecer el tiempo suficiente sobre el planeta para transmitir sus enseñanzas espirituales a aquellos que las necesiten.

Veamos a continuación como describe la Biblia la influencia del Espíritu Santo tanto en el Antiguo como en el Nuevo Testamento.

EL ESPÍRITU SANTO EN EL ANTIGUO TESTAMENTO

El Génesis narra como Dios creó los cielos y la tierra mientras el Espíritu de Dios se movía sobre la superficie de las aguas en una tierra sin orden y vacía:

En el principio creó Dios los cielos y la tierra. Y la tierra estaba sin orden y vacía, y las tinieblas cubrían el abismo, y el ESPÍRITU DE DIOS se movía sobre la superficie de las aguas.
GÉNESIS 1, 1-2

El Génesis relata que, inmediatamente después, Dios creó la Luz y vio que era buena, separando la Luz de las tinieblas:

Entonces dijo Dios: Sea la Luz. Y hubo Luz.
Y vio Dios que la Luz era buena; y separó Dios la Luz
de las tinieblas.
GÉNESIS 1, 3-4

Así pues, la Biblia revela que el Eterno creó con Su Espíritu y Su Palabra. Por ello, como seres formados a Su imagen y semejanza, nos corresponde seguir al Altísimo anhelando disponer de las fuerzas del Espíritu y de la Palabra.

Hemos visto que la Palabra es creadora y el hecho de hablar manifiesta lo pronunciado. Lo indica el Libro de Job:

Determinarás asimismo una cosa, y te será firme, y
sobre tus caminos resplandecerá luz.
JOB 22, 28

El Libro de los Números recoge como aquellos que son bendecidos con la venida del Espíritu Santo se convierten en profetas, en emisarios de Dios:

Entonces el Señor descendió en la nube, y habló con él.
Tomó del espíritu que estaba en él, y lo puso en los
setenta ancianos; y CUANDO EL ESPÍRITU SE POSÓ EN

ELLOS, COMENZARON A PROFETIZAR, Y NO DEJABAN DE HACERLO.
NÚMEROS 11, 25

Según el Primer Libro de Samuel, cuando el Espíritu del Señor desciende sobre el devoto le insufla un inmenso poder que le transforma en profeta y también en una nueva persona con capacidades centuplicadas:

. . . Al entrar en la ciudad te encontrarás con un grupo de profetas que bajan del santuario en el cerro. Vendrán profetizando, precedidos por músicos que tocan liras, panderetas, flautas y arpas. ENTONCES EL ESPÍRITU DEL SEÑOR VENDRÁ SOBRE TI CON PODER, Y TÚ PROFETIZARÁS CON ELLOS Y SERÁS UNA NUEVA PERSONA.
Cuando se cumplan estas señales que has recibido, PODRÁS HACER TODO LO QUE ESTÉ A TU ALCANCE, PUES DIOS ESTARÁ CONTIGO.
I SAMUEL 10, 5-7

El deber de todo profeta es comunicar los mensajes del Eterno a los seres humanos. Esa y no otra es su tarea. Sin embargo, el uso común del término profecía puede suscitar cierta confusión porque, en ningún caso se trata de vaticinar el futuro, sino de anunciar la voluntad de Dios. El profeta no es más que un emisario de la divinidad, un vehículo. Por tanto, no le está permitido guardar para sí los recados divinos so pena de incurrir en una falta de desobediencia que conllevará el castigo correspondiente.

Esta cuestión queda explicada en el Libro de Ezequiel que pone en guardia sobre la gran culpa y las consecuencias de no alertar al prójimo de la voluntad de Dios. Los siguientes versículos lo expresan con claridad:

Cuando yo diga al malvado: "Vas a morir", si tú no le adviertes, si no hablas para advertir al malvado que abandone su mala conducta, a fin de que viva, él, el malvado, morirá por su culpa, pero de su sangre yo te pediré cuentas a ti.

Si por el contrario adviertes al malvado y él no se aparta de su maldad y de su mala conducta, morirá él por su culpa, pero tú habrás salvado tu vida. Cuando el justo se aparte de su justicia para cometer injusticia, yo pondré un obstáculo ante él y morirá; por no haberle advertido tú, morirá él por su pecado y no se recordará la justicia que había practicado, pero de su sangre yo te pediré cuentas a ti. Si por el contrario adviertes al justo que no peque, y él no peca, vivirá él por haber sido advertido, y tú habrás salvado tu vida.

EZEQUIEL 3, 18-21

Pero, antes de acceder al don de profecía distintivo de un alto nivel de desarrollo espiritual, el devoto será purificado por la aflicción. Lo explica el profeta Isaías:

He aquí te he purificado, y no como a plata; te he
probado en el crisol de la aflicción.
ISAÍAS 48, 10

Una vez finalizada la purificación, el Eterno hará venir Su Espíritu sobre su siervo y le guiará según sus preceptos. Encontramos esta aserción en el Libro de Ezequiel:

Infundiré mi Espíritu en vosotros y haré que os
conduzcáis según mis preceptos y observéis y
practiquéis mis normas.
EZEQUIEL 36, 27

Entonces, y solo entonces, el ungido habrá alcanzado la iluminación:

El sol nunca más te servirá de luz para el día, ni el
resplandor de la luna te alumbrará, sino que EL ETERNO
TE SERÁ POR LUZ PERPETUA, Y EL DIOS TUYO POR TU
GLORIA.
ISAÍAS 60, 19

Una vez que el siervo de Dios haya superado las pruebas, adaptado su conducta a los preceptos divinos, consolidado su alto nivel de evolución espiritual y disfrutado de la epifanía que procura la presencia de Dios en su vida, el Eterno le confiará la misión de seguir sus órdenes a la letra y repetir todo lo que Él le comunique.

Y al poner las palabras de Dios en boca del profeta, este adquirirá el extraordinario poder de decretar fortuna o desgracia con su propia voz.

Esta facultad única la encontramos expuesta en el Libro de Jeremías:

Y me dijo el Eterno: No digas: Soy un muchacho; porque A TODO LO QUE TE ENVÍE IRÁS TÚ, Y DIRÁS TODO LO QUE TE MANDE.
No temas delante de ellos, porque CONTIGO ESTOY YO PARA LIBRARTE, dice el Señor.
Y extendió el Eterno su mano y tocó mi boca, y me dijo el Señor: He aquí he puesto mis palabras en tu boca.
Mira que te he puesto en este día sobre naciones y sobre reinos, PARA ARRANCAR Y PARA DESTRUIR, PARA ARRUINAR Y PARA DERRIBAR, PARA EDIFICAR Y PARA PLANTAR.
JEREMÍAS 1, 7-10

En fin, el Libro del profeta Joel brinda una de las mayores revelaciones sobre el Espíritu Santo que contiene toda la Biblia. Está llena de esperanza al afirmar que el Eterno derramará su Espíritu sobre todos los seres humanos, esto es, *"sobre toda carne"*, que todos profetizarán y tendrán visiones:

Y sucederá que después de esto, DERRAMARÉ MI ESPÍRITU SOBRE TODA CARNE;
y vuestros hijos y vuestras hijas profetizarán,

vuestros ancianos soñarán sueños, vuestros jóvenes
verán visiones.
Y aun sobre los siervos y las siervas derramaré mi
Espíritu en esos días.
JOEL 2, 28-29

El anuncio de la venida del Espíritu Santo "sobre toda carne" es realmente extraordinario al demostrar que el destino último de todos los seres humanos es ser ungidos.

EL ESPÍRITU SANTO EN EL NUEVO TESTAMENTO

El Evangelio de Juan recuerda que Dios es Espíritu y que sus siervos deben elevarse a él en Espíritu y en verdad, los pilares de la devoción. Veámoslo en el siguiente versículo:

Dios es Espíritu, y los que le adoran deben hacerlo en
Espíritu y en verdad.
JUAN 4, 24

En el mismo Evangelio de Juan, Jesús recuerda las bases del bautismo: el agua y el Espíritu y discrimina a los nacidos de la carne de los nacidos del Espíritu:

Respondió Jesús: «En verdad, en verdad te digo: el que
no nazca de agua y de Espíritu no puede entrar en el
Reino de Dios.
Lo nacido de la carne, es carne; lo nacido del Espíritu,
es espíritu.
JUAN 3, 5-6

La distinción entre los nacidos del Espíritu y los nacidos de la carne podría llevarnos a conjeturar sobre la existencia de humanos dotados de alma o privados de ella. Intelectualmente, cabría cuestionarse sobre esta disquisición, por muy abstrusa y esotérica que parezca.

Otra diferenciación de distinta índole es la que establece Juan el Bautista entre sí mismo, quien ha sido enviado para bautizar en agua, y Jesús, el que ha sido enviado para bautizar en el Espíritu Santo.

El siguiente versículo recoge el momento en que el Eterno revela a Juan el Bautista que podrá identificar a Jesús al posarse sobre él el Espíritu:

Y yo no le conocía, pero el que me envió a bautizar en
agua me dijo: «Aquel sobre quien veas al Espíritu
descender y posarse sobre Él, este es el que bautiza en
el Espíritu Santo».
JUAN 1, 33

Jesús instruye a sus discípulos para que, siguiendo su ejemplo, bauticen a las gentes en nombre del Espíritu Santo. Lo leemos en el Evangelio de Mateo:

Id, pues, y haced discípulos de todas las naciones,
bautizándolos en el nombre del Padre y del Hijo y del
Espíritu Santo,
MATEO 28, 19

En excelso conocedor de las Escrituras, Jesús hace frecuentes referencias al Libro de Isaías y, en particular, convierte en suyo el texto de Isaías 61, 1 que trata de la misión del Mesías y que vimos en el capítulo de los ungidos. Ahí, Jesús afirma que el Espíritu del Eterno está sobre él y que su venida cumple la profecía del versículo.

Veremos a continuación como el Evangelio de Lucas recoge las afirmaciones de Jesús que repiten de manera idéntica el versículo de Isaías 61, 1:

El Espíritu del Señor está sobre mí,
porque me ha ungido para anunciar la buena nueva a
los pobres;
Me ha enviado a sanar a los quebrantados de corazón;
A pregonar libertad a los cautivos,
Y vista a los ciegos;
A poner en libertad a los oprimidos;
LUCAS 4, 18

Siguiendo a Joel 2, 28-29 que prometía la venida del Espíritu sobre toda carne, el Evangelio de Lucas revela que el Espíritu Santo será otorgado a aquellos que lo pidan porque todos somos hijos de Dios. Es esta otra revelación henchida de esperanza ya que permite solicitar la gracia del Espíritu Santo con fe y en oración, confiando en obtenerla:

Pues si vosotros siendo malos, sabéis dar cosas buenas a vuestros hijos, ¡cuánto más vuestro Padre celestial dará el Espíritu Santo a los que se lo pidan!
LUCAS 11, 13

Tan sagrado es el Espíritu Santo que no alcanzará el perdón a aquel que blasfeme en su contra, ni en este mundo ni en el otro. Lo indica el Evangelio de Mateo:

Y al que diga una palabra contra el Hijo del hombre, se le perdonará; pero al que la diga contra el Espíritu Santo, no se le perdonará ni en este mundo ni en el otro.
MATEO 12,32

El Espíritu Santo representa la inspiración máxima a la que el devoto ha de encomendarse cuando deba defenderse ante las autoridades de este mundo.

Hemos mencionado previamente que, en los momentos en que estas acosan al siervo de Dios, actúan como agentes del mal en lucha abierta con el mensaje divino y con su emisario.

A través de los tres versículos siguientes de los Evangelios de Marcos y de Lucas queda confirmado que el Espíritu Santo hablará por boca del siervo de Dios en presencia de los malintencionados:

Pero cuando os trajeren para entregaros, no os preocupéis por lo que habéis de decir, ni lo penséis, sino lo que os fuere dado en aquella hora, eso hablad; porque no sois vosotros los que habláis, sino el ESPÍRITU SANTO.
MARCOS 13, 11

Cuando os trajeren a las sinagogas, y ante los magistrados y las autoridades, no os preocupéis por cómo o qué habréis de responder, o qué habréis de decir;
porque el ESPÍRITU SANTO os enseñará en la misma hora lo que debáis decir.
LUCAS 12, 11-12

Y esto os será ocasión para dar testimonio. Proponed en vuestros corazones no pensar antes cómo habéis de responder en vuestra defensa; porque YO OS DARÉ PALABRA Y SABIDURÍA, la cual no podrán resistir ni contradecir todos los que se opongan.
LUCAS 21, 13-15

Estos tres versículos dan una doble indicación. A la garantía de la inspiración divina en el momento de la prueba se añade la evidencia de que el siervo de Dios será hostigado sistemáticamente en este mundo de materia por las fuerzas del mal.

Dios acompañará a su siervo en semejante trance como afirma el Libro del Éxodo 4, 12: *"Ahora pues, ve, y yo estaré en tu boca, y te enseñaré lo que hayas de hablar."* Desarrollaremos cumplidamente este aspecto en el próximo capítulo que trata de los justos.

Además, en línea con lo que precede, el Evangelio de Juan enseña que el Espíritu Santo es la fuente de todo conocimiento. No puede extrañarnos, por tanto, que los místicos posean un conocimiento innato ya que lo obtienen del mismo Espíritu.

> *Pero el Espíritu Santo, que el Padre enviará en mi nombre, os lo enseñará todo y os recordará todo lo que yo os he dicho.*
> *JUAN 14, 26*

El Espíritu Santo es, además, del Espíritu de verdad, como también indica el Evangelio de Juan:

> *Pero cuando Él, el Espíritu de verdad, venga, os guiará a toda la verdad, porque no hablará por su propia cuenta, sino que hablará todo lo que oiga, y os hará saber lo que habrá de venir.*
> *JUAN 16, 13*

Asimismo, en el episodio de la concepción de María, el Espíritu Santo viene sobre ella junto al poder del Altísimo para hacer santo al que ha de nacer, aquel que será llamado Hijo de Dios. Lo explica poéticamente el Evangelio de Lucas:

El Ángel le respondió: "El Espíritu Santo vendrá sobre ti y el poder del Altísimo te cubrirá con su sombra; por eso el que ha de nacer será santo y será llamado Hijo de Dios."
LUCAS 1, 35

Vemos, pues, que el Espíritu Santo es la misma inspiración divina y que, cuando el Eterno bendice con esa alta gracia, su siervo está en lugar seguro. No se puede anhelar mayor gloria siendo un alma encarnada.

En este punto conviene precisar que, en diversas traducciones del Nuevo Testamento, el Espíritu Santo es denominado Consolador o también Paráclito, que significa consolador de los fieles.

Como última referencia en este capítulo sobre el Espíritu Santo procede citar el texto del Evangelio de Lucas que presenta al Espíritu Santo como la fuerza que guía a Jesús para vencer al diablo o Satanás, príncipe de este mundo:

Jesús, LLENO DEL ESPÍRITU SANTO, se volvió del Jordán, y era conducido por el ESPÍRITU en el desierto, durante cuarenta días, tentado por el diablo. No comió nada en aquellos días y, al cabo de ellos, sintió hambre. Entonces el diablo le dijo: «Si eres Hijo de Dios, di a esta piedra que se convierta en pan.»

Jesús le respondió: «Esta escrito: No sólo de pan vive el hombre.»

Llevándole a una altura le mostró en un instante todos los reinos de la tierra;

y le dijo el diablo: «TE DARÉ TODO EL PODER Y LA GLORIA DE ESTOS REINOS, PORQUE A MÍ ME HA SIDO ENTREGADA, Y SE LA DOY A QUIEN QUIERO.

Si, pues, me adoras, toda será tuya.»

Jesús le respondió: «Esta escrito: Adorarás al Señor tu Dios y sólo a él darás culto.»

Le llevó a Jerusalén, y le puso sobre el alero del Templo, y le dijo: «Si eres Hijo de Dios, tírate de aquí abajo; porque está escrito: A sus Ángeles te encomendará para que te guarden.

Y: En sus manos te llevarán para que no tropiece tu pie en piedra alguna.»

Jesús le respondió: «Está dicho: No tentarás al Señor tu Dios.»

Acabada toda tentación, el diablo se alejó de él hasta un tiempo oportuno.

Jesús volvió a Galilea por LA FUERZA DEL ESPÍRITU, y su fama se extendió por toda la región.

LUCAS, 4, 1-14

El Espíritu Santo es pues el bálsamo y el consuelo por excelencia y también la más sublime bendición divina. Es la presencia y manifestación de Dios en la vida terrena. Sus ungidos lo experimentan y los devotos sinceros esperan merecerlo y, cuando lo reciben, están a salvo de toda tribulación.

Hagamos, pues, espacio a Dios en nuestras vidas, seamos caritativos, benevolentes y justos, oremos siempre, encomendémonos al Espíritu Santo y nada podrá afectarnos. Esa es la vía aurea y la única manera de superar las adversidades individuales o colectivas, como las que experimentamos en la actualidad.

Con esas nuevas resoluciones, contribuiremos significativamente a la elevación de la consciencia colectiva y a la salvación de la humanidad. Y gracias a ellas, habremos franqueado el noveno y último peldaño de nuestra escalera de revelaciones que nos arman espiritualmente contra la peste y los desastres por venir.

Así, habremos llegado a la cima y allí brillaremos y otros brillarán porque cuando un alma brilla, ilumina a las demás.

EPÍLOGO:
LOS JUSTOS

Este libro habrá cumplido con su cometido si ha logrado demostrar que el reto planteado por la peste es el de convertirnos en lo que el Génesis denomina *"justos"*.

Justas son las personas de bien, evolucionadas espiritualmente. Ellas elevan la frecuencia vibratoria del planeta, arrastran al colectivo y nos acercan a la divinidad. Y, a estas alturas, sabemos que seguir el plan divino para el ser humano ayudará a evitar otros correctivos.

Hemos visto que la vida de los siervos de Dios es gloriosa, pero complicada, porque en el mundo abundan los agentes del mal flanqueados por sus colaboradores, conseguidores, coagentes, cómplices, cooperadores y, en cualquier caso, por cobardes al servicio de los poderosos que actúan en favor de la oscuridad.

Sin embargo, en el mundo hay indudablemente muchísimas personas de buen corazón y eso es lo que ha garantizado hasta el momento presente la supervivencia de la humanidad.

Si bien, los buenos están bajo la bota de los malos y sufren por la gestión de la sociedad que no sirve al bien común sino a la satisfacción de intereses personales.

En este mundo, ser bondadoso no suele recibir recompensa alguna, por el contrario, se paga. La bondad se confunde con la debilidad y la maldad con la fuerza. Se fomenta el egoísmo y la búsqueda del placer en todos los planos creyendo que, espiritualmente no hay un mañana y que nada tiene consecuencias. Las ruindades y tropelías se acumulan, cuando no las atrocidades, y esto hace que la humanidad tenga un aura sucia.

La peste ha dado la señal de alarma para advertir a la humanidad que no hay ni tiempo ni excusas, que es urgente alcanzar la rectitud y la justicia porque solo los justos se reunirán con el Señor. Lo desvela el Salmo 24:

¿Quién subirá al monte del Señor? ¿Y quién podrá estar en su lugar santo?

El de MANOS LIMPIAS Y CORAZÓN PURO; el que no ha alzado su alma a la falsedad, ni jurado con engaño.

EL LOGRARÁ LA BENDICIÓN DEL ETERNO, LA JUSTICIA DEL DIOS DE SU SALVACIÓN.

Tal es LA RAZA DE LOS QUE LE BUSCAN, los que van tras tu rostro, oh Señor.

SALMO 24, 3-6

Así pues, como colofón de este ensayo se impone seguir las pistas bíblicas que describen la vida de los justos. La Biblia afirma que es internamente luminosa, aunque está llena de obstáculos y de adversarios que, a sabiendas o inconscientemente, hacen todo lo posible por tentarles, agredirles y sabotear su misión.

Leeremos las alusiones hechas a las muchas dificultades por las que pasan los devotos sinceros para poder servir al Eterno. Pero, ante todo, hay que tener en cuenta que los justos sienten vivamente la presencia del Eterno y poseen un férreo sentido del deber.

Desde los orantes hasta los consagrados y ungidos todos saben que Dios es el único refugio y que nunca falla. Tienen el convencimiento de que la protección del Señor hacia sus justos es inquebrantable.

Este es el anverso de la medalla de su vida, la garantía del apoyo indefectible que Dios prodiga a sus siervos. En el reverso vienen las dificultades inherentes de adoptar la vía del Señor en un mundo de materia impregnado por el mal.

Hemos tratado de la extraordinaria potencia protectora del Nombre de Dios en el capítulo de los preceptos. En esa línea, el Salmo 9 afirma que el Señor no abandona a los que conocen Su Nombre y le buscan:

En ti pondrán su confianza los que conocen tu NOMBRE, porque tú, oh Señor, no abandonas a los que te buscan.
SALMO 9, 10

ANVERSO

El Libro de Isaías recoge la promesa del Eterno sobre su alianza con el justo al que siempre ayudará y sustentará hasta su vejez. Es esa la decisión del Señor. Lo leemos en Isaías 41 y 46:

No temas, porque contigo estoy yo; no desmayes, porque yo soy tu Dios que te robustece; siempre te ayudaré, siempre te sustentaré con la diestra de mi justicia.
ISAÍAS 41, 10

Y hasta vuestra vejez, yo seré el mismo, y hasta que se os vuelva el pelo blanco, yo os sostendré. Ya lo tengo hecho, yo os llevaré, os sustentaré y guardaré.
ISAÍAS 46, 4

El Libro Primero de Samuel confirma que el justo siempre estará a salvo pues quien buscase su vida es como si buscase la vida del Altísimo:

Quédate conmigo, no temas; quien buscare mi vida, buscará también la tuya; pues conmigo estarás a salvo.
I SAMUEL 22, 23

Por su parte, el Libro del profeta Isaías relata cómo el Eterno insufla nuevas fuerzas a los suyos:

pero los que esperan en el Eterno tendrán nuevas fuerzas; levantarán alas como las águilas; correrán, y no se cansarán; caminarán, y no se fatigarán.
ISAÍAS 40, 31

El Génesis revela que la protección del Eterno se extenderá a todos aquellos con los que se relacione:

Bendeciré a los que te bendigan, y al que te maldiga, maldeciré. Y en ti serán benditas todas las familias de la tierra.
GÉNESIS 12, 3

Siguen dos versículos del Libro del profeta Nahum y del Salmo 46 que presentan a Dios como un refugio. Ambos resuenan como lemas de los siervos de Dios:

El Eterno es bueno, fortaleza en el día de la angustia; y conoce a los que en él confían.
NAHUM 1, 7

El Eterno es nuestro amparo y nuestra fortaleza, nuestra ayuda segura en momentos de angustia,
SALMO 46, 1

REVERSO

Una vez captada la transcendencia y singular profundidad del vínculo existente entre el justo y el Eterno, conviene abordar el otro aspecto de la protección que el Eterno le brinda ante las acechanzas de sus enemigos.

Así, procede citar en primer lugar el Salmo 118 en el que el justo afirma que nada teme, sean cuales sean las acometidas de los agentes del mal, porque vivir en compañía de Dios le hace invulnerable:

El Eterno está conmigo y no tengo miedo, ¿qué puede hacerme el hombre?
SALMO 118, 6

Hemos visto en el capítulo primero relativo a la retribución, que el mundo está bajo el gobierno del demonio y que son los malignos los que lo dominan. Son agentes oscuros y, por ello, se rebelan contra la luz y contra las buenas gentes a las que tratan tan mal como pueden. En ese contexto hostil, el siervo de Dios no debe esperar una vida tranquila sino contar con los ataques de aquellos a los que la luz repele y de los que tienen mucho más poder. Sin embargo, Dios nunca abandona a los suyos.

De ahí lo afirmado por el profeta Jeremías, a saber, que los poderes mundanos lucharán contra su siervo, pero no le vencerán porque le asiste el Eterno para librarle y salvarle:

Y pelearán contra ti, pero no te vencerán; porque yo estoy contigo, dice el Eterno, para librarte y salvarte.
JEREMÍAS 1, 19

El Deuteronomio asegura igualmente al justo que el Señor le acompañará en todas sus batallas para pelear por él y salvarle:

porque el Señor vuestro Dios es el que va con vosotros, para pelear por vosotros contra vuestros enemigos, para salvaros.
DEUTERONOMIO 20, 4

El Libro del profeta Isaías aclara que los ataques contra el siervo de Dios no vendrán de parte del Eterno ni ocurrirán por Su voluntad, por lo que toda agresión fracasará:

Si alguien te ataca, no será de parte mía; quienquiera que te ataque, contra ti se estrellará.
ISAÍAS 54, 15

El Libro de Isaías va mucho más allá afirmando que ningún arma forjada contra el justo tendrá éxito y que podrá impugnar toda lengua que se levante en juicio contra él. Y añade que la protección de Dios, así como la salvación, son la herencia de sus siervos:

Ningún arma forjada contra ti prosperará, y condenarás toda lengua que se levante en juicio contra ti. Esta es la herencia de los siervos del Eterno, y su salvación que por mí vendrá, dijo el Señor.
ISAÍAS 54, 17

En fin, respecto al anterior versículo de Isaías, conviene recordar como la impugnación de los enemigos se lleva a cabo gracias a la inspiración del Espíritu Santo, lo que vimos en el capítulo precedente.

Sabemos que el apoyo del Señor libera de la desgracia y en ello se reafirma el profeta Sofonías que desvela, además, que el Eterno restablecerá la reputación de aquel que la hubiera perdido por servirle:

Yo quitaré de tu lado la desgracia, el oprobio que pesa sobre ti.
SOFONÍAS 3, 18

Grande es, pues, la protección del Eterno y profundo su amor. El siervo de Dios es, sin embargo, humano y tiene por tanto conciencia de pecar en su camino hacia la perfección. Por ello, admite que la ira del Eterno se abata sobre él en caso de falta, aunque sabe que será tratado con justicia. Lo afirma el Libro del profeta Miqueas:

La ira del Eterno soportaré, porque pequé contra él,
hasta que juzgue mi causa y haga mi justicia; él me
sacará a luz; veré su justicia.
MIQUEAS 7, 9

En el momento de la enmienda, el pecador se entrega a la misericordia divina, esperando que el Eterno recuerde su constante rectitud. Lo recoge el Segundo Libro de los Reyes:

Te ruego, Señor, te ruego que hagas memoria de que he
andado delante de ti en verdad y con íntegro corazón, y
que he hecho las cosas que te agradan.
II REYES 20, 3

APUNTE FINAL

Para terminar este ensayo, resulta obligado condicionar las tribulaciones que hoy atraviesa la humanidad con el incumplido mandato de ser justos.

Hemos visto que el justo ha de purificarse, de santificarse y, así, será salvo. Por ello, si debiésemos seleccionar un versículo que resuma las lecciones de la Biblia para este momento de profunda crisis, este sería el que figura en el Libro del profeta Isaías 3:

Decid al justo que bien, que el fruto de sus acciones comerá.

¡Ay del malvado! que le irá mal, que el mérito de sus manos se le dará.

ISAÍAS 3, 10-11

Puesto que a cada uno se le dará según sus merecimientos, para asegurar la salvación del alma nuestras obras han de ser buenas y habremos de marchar por un camino recto. Lo advierte el Libro de Isaías, 30:

Entonces tus oídos oirán a tus espaldas palabra que diga: Este es el camino, andad por él; y no echéis a la mano derecha, ni tampoco torzáis a la mano izquierda.

ISAÍAS 30, 21

Y el primer paso en la senda espiritual es siempre restablecer la transcendencia en nuestras vidas. Hagámosle espacio a Dios. Es Satán el que recolecta las almas cuando el ser humano malgasta sus chispas divinas en una existencia vacía y descarriada.

Espiritualmente, no estamos solos en el universo ni somos el súmmum de la creación. Es curioso que aceptemos la existencia del mal con naturalidad, y que algunos le den culto en movimientos organizados, pero que no seamos capaces de vislumbrar la esencia del bien que es Dios y está por todas partes.

Resulta indispensable reinstaurar a Dios en nuestro mundo, ya que, según afirma Mateo:

Porque se ha embotado el corazón de este pueblo, han hecho duros sus oídos, y sus ojos han cerrado; no sea que vean con sus ojos, con sus oídos oigan, con su corazón entiendan Y SE CONVIERTAN, Y YO LOS SANE.
MATEO 13, 15

Tanto como recordar el mensaje contenido en el diálogo entre el Eterno y Abraham cuando el patriarca intercede por Sodoma en Génesis 18. De él hay que retener que, el Eterno aceptó salvar a toda una ciudad destinada al exterminio si en ella vivían 10 justos.

Solo Dios sabe cuántos justos serían necesarios en los atribulados tiempos presentes para salvar a la humanidad y al planeta.

Queda la luminosa promesa de la salvación del justo en *"la prueba que va a venir sobre el mundo entero"* si practicamos la verdad, la justicia y la virtud. Es la palabra del Eterno recogida en un versículo capital del Libro del Apocalipsis 3:

YO TE GUARDARÉ DE LA HORA DE LA PRUEBA QUE VA A VENIR SOBRE EL MUNDO ENTERO para probar a los habitantes de la tierra.
APOCALIPSIS 3, 10

Mediando enmienda, el Eterno promete la salvación colectiva a través de la reconstrucción y el renacimiento. Lo revela el Libro del profeta Jeremías:

Entonces, del mismo modo que anduve presto contra ellos para extirpar, destruir, arruinar, perder y dañar, así andaré respecto a ellos para reconstruir y replantar, dice el Señor.
JEREMÍAS 31, 28

Habiendo integrado todo lo que precede, permítame desearle lo mejor en la Luz y dirigirle la bendición bíblica recogida en el Libro de los Números. Esta bendición era la preferida de San Francisco de Asís y fue la que entregó en un pliego a Fray León para preservarle de la tentación:

El Eterno te bendiga, y te guarde;
El Eterno haga resplandecer su faz sobre ti, y tenga misericordia de ti;
El Eterno te muestre su rostro, y te de la paz.
NÚMEROS 6, 24-26

BIBLIOGRAFÍA

- BIBLIA REINA-VALERA, International Bible Society, 1977

- LA BIBLE DE JERUSALEM, Club Français du Livre, Les Éditions du Cerf, 1955

- LA BIBLIA DE JERUSALÉN, Desclée de Brouwer, 1971, 1976

- LA BIBLIA DE LAS AMÉRICAS, B&H Publishing Group, 2002

- BIBLIA PESHITTA, Holman Bible Publishers 2006, 2015

- LA SAGRADA BIBLIA, Casa de la Biblia de Madrid, Reader's Digest, 1969

- Biblia Nueva Versión Internacional, Bíblica, 1999

- Holy Bible New International Version, International Bible Society, 2006

- Holy Bible New Revised Standard Version, Collins, 2007

- Biblia Nacar-Colunga, La Editorial Católica, 1960

- The Jewish Study Bible, Oxford University Press, 2014

- Saint James Bible, Collins, 1991

- Bible Chouraqui, Desclée de Brouwer, 1989

- La Sainte Bible du Chanoine Crampon, Desclée et Cie, Éditeurs pontificaux,1951

- La Bible Louis Segond, Société Biblique Belge, 1968

- La Bible TOB, traduction œcuménique de la Bible, Société Biblique Française, Les Éditions du Cerf, 2000, 2010

ACERCA DE LA AUTORA

Después de sus publicaciones: "Orar con los Ángeles de la Cábala" y "El Apocalipsis del Ángel erradicador", la autora recoge en este libro las revelaciones contenidas en la Biblia acerca de la prueba colectiva que azota a la humanidad en forma de pandemia, así como las claves que anuncian lo que queda por venir y cómo salvarse.

La escritura de este ensayo ha sido posible gracias al conocimiento acumulado sobre las Sagradas Escrituras tras cinco décadas de estudio. La autora es independiente de cualquier grupo o religión y a ninguno representa.

Mediante un minucioso recorrido por el texto bíblico, esta obra brinda a las personas de bien una guía para orientarse dentro del laberinto espiritual que representa la peste y da las indicaciones bíblicas pertinentes para salvarse de lo que acontecerá después.

Este libro ve la luz en julio 2020.

BENDITO EL QUE VIENE EN NOMBRE DEL SEÑOR
SALMO 118, 26

9 782960 254013